旅游体验研究前沿文库（第一辑）

总主编◎谢彦君　马　波

旅游体验的场现象与体验研究的表演转向

李　淼◎著

中国旅游出版社

旅游体验——旅游世界的硬核[①]

（代序）

旅游世界是一个有别于日常生活世界的特殊时空框架。旅游者在这个世界中的作为，主要是一种身心的体验，其目的是获得某种愉悦（谢彦君，2004）。旅游世界作为一个宏大的现象世界，拥有着复杂的结构和内容，但是，这个世界的核心，在笔者看来，就是旅游体验！

为了确立这个十分重要的命题，我们无须去阐述旅游现象的复杂性，因为那是人人皆知的。我们需要讨论的，是如何把旅游体验从旅游现象中发掘出来，再妥善地放置回去——充分地认识其重要性，并给予这个重要性以一个适当的学术地位。

说到体验，首先需要把这个词与经验加以区别。经验属于表层的、日常消息性的、可以为普通心理学把握的感官印象，而体验则是深层的、高强度的或难以言说的瞬间性生命直觉。可以把经验看作是行为的叠加以及由此获得的知识的积累，而体验一定是融汇到过程当中并且与外物达到契合的内心世界的直接感受和顿悟。从这一点来看（这一点也至为关键），我们不能轻易将日常经验过程与体验混为一谈。

体验这个概念，在历史上可以溯源到西方的古希腊哲学。除了神话中的“回忆”论以及关于“酒神”的说法之外，西方最早的有关体验或类似概念的阐述，可能就是柏拉图的“迷狂”论了。这位先哲对原始诸神世界的消隐、雅典社会理性的沦丧以及道德的颓败深感忧虑，因而

① 本文发表于2005年第6期《桂林旅游高等专科学科学报》上。个别文字略有改动。

把解救的希望寄托在对迷狂的体验上，渴望通过体验使人超越尘世的束缚而复归于理性的天国：雅典人失掉了神（理性），只有体验才能把它召唤回来。之后，经过中世纪的漫漫长夜，体验这个美学范畴在德国古典美学那里又进入了复苏期。这时，被长久禁锢的希腊人性精神苏醒了。继卢梭之后，席勒再次看到了现代社会的科学技术、工业文明对人的本性的摧残，痛感人的“完整体”正在被“分裂”为“断片”，对此，席勒提出了一个意义深远的思想：通过体验（游戏）这一绝对中介使人的被分裂的感性本能与理性本能重新融合为完整体。可以说，席勒远远超过柏拉图、超过他的同时代人，他把体验高扬到空前的高度，试图用它来解决最根本的人生问题和社会问题。

19 世纪中叶以后，在叔本华、尼采、狄尔泰、柏格森等人那里，西方美学和哲学有关体验的论述可以说进入了高峰期。当历史进展到这一时期，西方世界的生存危机、虚无感、荒诞感不仅没有缓解，反而愈益尖锐了。叔本华首创的感性生命本体论正是当时人们普遍感到生命面临严重危机的社会现实的哲学反映。对此，叔本华为生命的亢奋与不可遏止而“痛苦”万分，他用“静观”这个概念表达一种体验，借以突出寂灭生命之意，遏制永不满足的生命意志；尼采则由于生命的匮乏与颓废而焦灼不安，因而用酒神状态呈现了一个可以体验的目标，用“沉醉”去享受生命力的充盈和丰满。正是基于对生命的本体地位的反思，叔本华和尼采都把解救的希望交给体验；狄尔泰感叹生命是神秘之“谜”，他直接就用“体验”这个术语，主张艺术的本体是个人的亲身“体验”；海德格尔以及马塞尔则复活了希腊神话，把艺术视为“回忆”；弗洛伊德首创“升华”概念来表明它是原欲的“移置”，马尔库塞用的是另一种表述，“审美升华”，而人本心理学家马斯洛则把它归结为“高峰体验”。

然而，这些直接或间接对体验有所阐述的哲学家和美学家，对体验的界定有着很大的不同，这使我们难以不加说明地利用“体验”在各位先哲那里的意义。通常，每当谈及体验，人们很自然地会把这个范畴与心理学联系起来。其实，这是不错的。不管在什么语境下面，体验都会使我们联想到心理过程和这个过程所引起的心理超乎寻常的变化。不管是从个体心理还是群体心理的角度，不管是站在社会的立场还是个人的立场，我们都能理解体验的重要性。因为，体验是伴随着整个人生而从不停歇的过程。在生命降临之际，个体会体验到生命诞生的快乐和痛苦；在生命成长的阶段，个体会经受植物性的煎熬和社会化的洗礼；在濒死的时光，个体也会感受生命枯竭时的挑战和死亡降临之际产生的恐惧或快乐。总之，不管什么时候，只要生命存在，只要这个生命面临着些许的变化、新奇、危险或者挑战，他都会在心灵上留下刻痕，并从而影响到他的今后的社会行为方式。这就是体验对个体和对社会的重要意义之所在。

前苏联的著名心理学家、《体验心理学》一书的作者瓦西留克专门选择人借以克服有威胁性的生活情境的过程作为自己的研究对象，这个生活情境的历险过程就是“体验”。他所要回答的问题，几乎是这样的：当人到了无可奈何的时候，当他落到已没有可能实现自己的需求、定势和价值观的情境时，他将做些什么？为了回答这个问题，作者在心理学的活动理论的概念体系中又引入了一个新的范畴——体验。所以，在瓦西留克那里，体验不是作为人的这样或那样的状态在主观意识中的反映，也不是作为人消极观察的特殊形式，而是一种旨在恢复精神的平衡过程，恢复已丧失的对存在的理解力。总之，是“产生理智”的一种活动的特殊形式。瓦西留克还认为，一方面，体验是个人的经验过程及其结果，“永远是自己也只能是自己才能体验所发生的事情以及产生危机的那些生活环境和变化”，别人无法代替；而另一方面，“体验的过程是可以在一定程度上驾驭的——推动它，组织它，引导它，创造良好的条件，努力使这一过程按我们的理想达到使个性成长与完善的目标，至少是不要转向病态的或社会所不容许的道路”。“体验——这是克服某些生存的‘裂痕’，这是某种修复工作，就像是实现生命的轴线。体验过程与生命的实现相对，也就是与活动相对。这并不意味着他是某种神秘的超生命的过程：按照自身的心理生理成分——这正是那些生命和活动过程，但按照自己心理意义和使命——这是指向生命本身的过程，只想保证实现生命的心理可能性的过程。”

从上面的回顾中我们不难看到，历史上的大多数先哲，都强调体验这种心理现象在终极价值上是对平庸的超越，是对生命的礼赞，是对人性的回归。这样一种思想，在我们研究旅游体验的时候，是完全可以借鉴的。

旅游学者麦肯奈尔在研究旅游体验的时候，也曾试图对体验做一些基本的考察和界定，虽然特色不多，甚至还多少有些肤浅，但作为一种过渡，我们不妨介绍一下。按照麦肯奈尔（MacCannell，1976：23）的说法，一个挺有意思的事实是，“体验”（experience）或多或少与科学有些渊源，因为在英语的词根上这个词是与实验（experiment）是同源的，但是，却很少有人能给这个词赋予一个科学的定义。从日常生活的角度去理解体验这个词，显然这个词暗含着一个特定的时空关系。也就是说，体验具有一个时间边界和空间边界。如果从外部形态上来看，体验作为一个过程，就是发生在这个时间边界之内的行为的总和。当然，理解体验的本质，不能仅仅从外部形态的角度。实际上，体验是一个心理过程甚至思想过程，是一个对生活、生命和生存意义的建构和解构过程。在体验过程中，饱含着“一种由原初的疑惑感或空虚感而转换成的某种信念或超越，这种转换借助的是一个对直接的、第一手的资料的领悟过程”。从这个意义上说，麦肯奈尔认为，体验这个词，除了本身所具有的苍白的科学和职业含义之外，还具有某种时髦的、逐臭的，甚至可能关联到性的内涵。就是从这个关节点上，麦肯奈尔这位一向有点“忧郁”的老一辈旅游学者，将体验拉到了旅游体验上来。在国外旅游学术界，研究旅游体验的渊源并非起自麦肯奈尔。早在 20 世纪 60 年代，布斯汀（Boostin，1964）就将旅游体验定义为一种流行的消费行为，是大众旅游那种做作的、刻板的体验。他甚至哀叹，那些旧式的旅游者已经没有了，在他看来，恰恰是这些人的旅游才是出自追寻某种真实的体验。布斯汀看不起那些“浅薄的”现代大众旅游者，认为这些人只知道对一些虚假事件（Pseudo-events）趋之若鹜。特纳和艾什（Turner and Ash，1975）也都认为，旅游在本质上就是偏离常态的行为（aberration），甚或一种时代的病症（malaise）。相反，麦肯奈尔（MacCannell，1973）则认为，旅游体验是人们对现代生活困窘的一种积极回应，旅游者为了克服这些困窘而追求的是一种对“本真”（authentic）的体验。虽然有这种明显的观点上的差异，但布斯汀和麦肯奈尔等人在定义旅游体验的时候，都体现了这样的思想：旅游体验对社会个体和整个社会都具有重要的意义。由此，他们的定义也成为引发人们对现代休闲旅游的积极效应和消极效应的争论。在这种争论当中，有些学者认为，如果旅游者的需要是一样的或接近的，那么，不管构成旅游者这种需要的社会文化背景有多大差异，所有的旅游者都将获得某种类似的体验。

与此不同，科恩（Cohen，1979）认为，不同的人需要不同的体验，不同的体验对不同的旅游者和不同的社会具有不同的意义。为此，科恩将旅游体验定义为个人与各种“中心”（centres，我们也可以把这个词用类似“家园”这样的术语来间接地予以解释）之间的关系，认为体验的意义来自个人的世界观（worldview），取决于个人是否依附于某个“中心”。这里，所谓“中心”并不一定是个人日常生活世界的地理中心。它是每个个体的精神家园，它象征着某种终极意义。因此，科恩相信，这种体验反映着各种动机的某些稳定的模式，既有别于旅游者的各种行为方式，又是对这些行为方式的特征化。这些模式与“私下”构筑的旅游世界相联系，代表着满足个人各种需要——从追求愉悦到寻求意义——的不同方式。此后，海米尔顿－史密斯（Hamilton-Smith，1987）、纳什（Nash，1996）、佩兹（Page，1997）、皮尔士（Pearce，1982）、冉恩（Ryan，1993，1997）、厄里（Urry，1990）和晏纳吉斯和吉布森（Yiannakis and Gibson，1992）等在他们的研究中都提到了科恩的旅游体验范式。从这些研究中，可以得出有关旅游体验的一些共性的东西，那就是，对个体而言，旅游体验是一种多功能的休闲活动，既包含着娱乐成分，也有求知的成分。

科恩的发表于 1979 年的《旅游体验的现象学》一文，是笔者所见的唯一的也是最早的明确从现象学角度审视旅游体验的学术论文，可能也是比较早的专门讨论旅游体验问题的文章之一。在此之前，恐怕探讨旅游体验的最重要的相关文献就是麦肯奈尔的《旅游者：有闲阶级新论》（1976）一书和他的《舞台化了的本真性：旅游情境的社会空间配置》（1973）一文。科恩在其卓越的旅游研究生涯当中，一直都体现了对旅游体验及其社会效应的关注，同时，在观察旅游体验的过程中，也一直体现着现象学的视角。这一点，在他所发表的等身的著作中都有清晰的体现。而追溯其思想渊源，恐怕要归功于他的这篇早期文献的基本思想。科恩的这篇文章，集中地讨论了旅游体验方式（the modes of tourist experience）的问题，他把这视为一种现象学的分类方法，因为对每一个旅游者来说，他们所感兴趣的各种新异的文化景观、社会生活以及自然环境都具有不同的意义，现象学分类的基点就建立在对这种意义的整体论的分析基础上。旅游者的一次旅游体验在多大程度上代表着“对中心的追求”（quest for the centre），以及这个中心的性质，构成了科恩做这种分析的核心。基于这种思想，科恩认为，这种分类的结果对应于每个旅游者“私下”构建的、作为一个连续体而存在的“旅游世界”当中的不同的点，而这个连续体的一端是现代旅游的空间特征，另一端则是旅游的朝圣性质。为此，科恩将旅游体验方式划分为 5 种类型：休闲的方式（The Recreational Mode）、消遣的方式（The Diversionary Mode）、体验的方式（The Experiential Mode）、实验的方式（The Experimental Mode）和存在的方式（The Existential Mode）。下面我们对科恩有关这 5 种体验方式的论述略作介绍。

（1）休闲的方式。出自休闲目的的旅游体验在性质上类似于其他类型的娱乐体验，比如观赏戏剧、观看电影和电视等。旅游者从旅游中获得快乐，因为这种旅游使他身心得以重获力量感，也使旅游者产生一种充盈感。正如休闲一词本身所表明的那样，甚至连这种旅游体验方式最终都会与宗教朝圣的旅程有某种比附的关系，因为它给人以某种重获新生的回报。但归根结底，旅游者在这种予人以娱乐的中心所经历的体验，主要的还是一种休闲，即使有那么一点宗教朝圣的意味，但也被世俗化了，已经失去了它固有的那种深刻的、精神境界的内涵。这些休闲旅游者对布斯汀所谓的虚假事件（Pseudo-events）情有独钟，他们在体验过程中不必为所谓的自我实现或自我拓展而负重太多。如果从某种“高雅文化”的角度看，休闲旅游体验就像其他形式的大众娱乐活动一样，似乎是由一些显得浅薄、轻浮、无足轻重甚至愚昧的活动构成的。但这种来自高高在上的知识分子以及那些“严肃的”旅游者的观点实际上是偏颇的，通过休闲旅游体验，这些旅游者得到了他们想要的东西：愉悦。对这种旅游者也大谈所谓的本真性问题，其实是不切题的。因此，科恩主张，对于休闲体验的旅游者，要把他们看作是参与一场表演的人，或者参与某种游戏的人。他们像是一场戏剧的观众，完全有理由沉浸在剧情当中并为自己谋求快乐，即使是面对一些近乎怪异的表演，也没有理由非难他们。在这些表演场合，娱乐性是与旅游者内心对某种诱惑情愿接受相一致的。对于他们来说，在体验过程中所见到的人与风景并非他们“真实世界”的一部分，它们是从真实世界分 离出来的“有限的意义域”（finite province of meaning）。旅游者在这个意义域中是能够获得休闲活动的价值的。

（2）消遣的方式。现代人往往与他们所处的社会或文化的中心存在着隔阂。其中有些人可能找不到其他可以替代的中心，他们的生活严格说来是“没有意义的”，但他们并不追寻意义，不管在他们自己所处的社会还是在其他地方，都是如此。对于这样的人，旅游就不会具有休闲的意义：它完全变成了一种消遣方式——仅仅为了逃避日常生活的枯燥乏味和无意义，于是便投身于一种忘却性的假日当中，借以疗治身体，抚慰灵魂，但却不能从中获得对应性的新生——也就是说，这种体验不可能重建与有意义的中心之间的依附关系。因此，消遣式的旅游体验是对那些没有思想的人的一种安慰剂。不过，从很多方面看，消遣式的旅游体验与休闲式的旅游体验非常相像，所不同的就在于，消遣式的旅游体验是远离“意义”的，是那种没有中心的人所追求的没有意义的愉悦。

（3）经验的方式。这种体验方式的特点主要是由麦肯奈尔的观点构建起来的。这种观点所关注的问题是，假设休闲旅游者依附于所在社会的中心或文化，而消遣旅游者是在社会中心之外徘徊的话，那么，一旦这些游离于社会中心外围的人逐渐意识到他们日常生活中的这种疏离、无意义和平庸，会发生什么事呢？麦肯奈尔说，他们可能采取的获得意义的一种方式，就是通过革命来实现社会转型。倘若不采取这一招，那么，比较温和的一种就是旅游。这种重新被唤起的、在自己所在的社会之外追求真实意义的过程，是从对经验的获得开始的。这样的体验方式，可以叫作经验的方式。如果说布斯汀是休闲体验方式和消遣体验方式的最直露、最激烈的批评者，他甚至将自己的观点涵盖所有现代旅游，那么，麦肯奈尔就属于另外一种的人：通过声明旅游在本质上是一种以追求本真性体验为目标的现代宗教形式，他试图赋予旅游以一种新的尊严。麦肯奈尔将旅游与宗教进行对比，提出了二者之间的相似性：宗教的动机与旅游的动机非常相近，它们都是为了获得本真性的体验。

科恩对麦肯奈尔的观点的评价是：尽管他的观点有别于那些“知识阶层”的观点，但还是明显地可以看出这些观点是以现代人的眼光为视角的。科恩认为，简单地将旅游与宗教进行类比，会掩盖旅游与宗教之间很多本质上的区别。为此，科恩提出了旅游与宗教的两点根本不同。首先，宗教信徒的朝圣旅游总是向着它所信奉的那种宗教的精神中心的，即使有时这个中心可能远在他生活空间的边界之外。虽然旅游者也可能到所在社会或文化当中存在的一些艺术、宗教或民族的中心去旅行，并对这些地方示以“仪式性的尊敬”，但现代旅游的一个突出特征显然是对环境的极大兴趣，以及旅游者对自己文化之外的世界所怀有的强烈的体验欲望。说到底，吸引旅游者的东西，实际上是另类风景、另类生活方式以及另类文化所具有的那种纯粹的陌生和新奇。

其次，科恩还特别注意到，与那些宗教信徒不同，那些以获得经验为导向的旅游者，即使他们观察到了他人的本真的生活，但他们依然很清楚他人的那种另类人身份，这种感觉甚至在完成旅游过程之后依然存在。这也就是说，旅游体验过程并没有使这个旅游者的生活皈依于他人的生活，他也未必接受他人的那种本真的生活方式。宗教信徒能够感受到来自宗教圣地（中心）的那种精神同一性，即使这个中心处于遥远的地方；与此相反，经验旅游者即使他与所观察到的代表着本真的生活方式的人们一起生活，他也照样是一个外来人，他需要做的就是如何学会从审美的意义上去欣赏这一切。宗教信徒的经验过程是有关存在的：他与教友一道参与、共享并融入了由该中心的神圣性所创造的世界当中，坚信该中心所主张的价值观和信念。而对于麦肯奈尔的“旅游者”来说，他仅仅在体验他人生活的本真性时产生那么一点点痛感或共鸣，自己却并不想效仿。因此，即使他的需要具有某种宗教意义，但他的实际体验却主要是审美的，而这要归因于这种体验在性质上能引起共感。通过对另类文化的本真性的直接接触而引起的美感对旅游者的情感熏陶具有很大的意义，但是对他的生活并没有什么新的意义和指导。这一点，只要看看那些寻求经验的旅游者在一个宗教圣地如何观察那些宗教信徒就一目了然了：宗教信徒体验的是该中心的神圣性，而旅游者体验到的可能是由宗教信徒的宗教体验而呈现的本真性的美感。因此，经验式的旅游体验尽管要比休闲式和消遣式的旅游体验显得更意义深刻，但并不产生“真实的”宗教体验。

（4）实验的方式。这种体验方式的特点是，体验者已经不再依附于所在社会的任何精神中心，而是从许多不同的方向寻求一种替代的选择，极端一点甚至包括走向神秘主义甚至亲近毒品等等。对于后现代社会当中那些有思想的旅游者来说，这种体验方式更合口味，因为这些人富有一种异调的个性倾向。这些人如果要通过旅游得到对失去的精神中心的替代，那么，旅游就会呈现一种新的更高的意义。与经验式的旅游相比，如果说经验式旅游能够从另类文化中生活的人所展示的本真性当中获得观赏性的愉悦的话，实验式的旅游就会一反这种旁观者的身份，直接投身到这种生活的本真性当中，但却不会使自己完全融入其中。这种旅游者会品味和比较各种不同的备择方案，期望最终会发现一种最适合于他的特殊需要和欲望的方案。在一定意义上，这种旅游者探寻的是某种自我，在一个不断试错的过程中，他借以发现那种能引发自我共鸣的生命形式。科恩举了一些这类旅游者的例子，比如美国的城里人，欧洲或澳大利亚那些被熏陶了农场庄园气息的青年人，遥远的太平洋村庄，嬉皮士组织等。

（5）存在的方式。如果前几种旅游体验方式的特点都是为了探寻的话，那么，以存在的方式进行的体验作为一种极端形式，其特征就在于旅游者完全投身于一个被他选中的精神中心——一个外在于它所处的主流社会文化的中心。从现象的角度看，接受这样一个中心几乎与宗教皈依非常相像。但就旅游的意义而言，以存在的方式所进行的体验，主要指旅游者对目的地文化的完全接纳并主动寻求自我与这种文化的同化。这种情况在世界各地都不乏见。科恩对旅游体验方式的详细描述，勾勒出了旅游者在旅游过程中的行为取向和行为内容的诸多可能性。通常，这些不同的体验方式，对于不同的旅游者而言，或者对于不同的旅游目的而言，并不一定全部包含。在多数情况下，旅游者都是选择其中的一个或少数几个作为旅游体验的目标。但即使这样，旅游者的体验也构成了旅游现象最基本的结构性要素。我们这样说是因为，在整个旅游世界，虽然旅游主体（旅游者）、旅游客体（旅游资源和旅游产品）以及旅游媒体（旅游业）是这个世界的共同内容或要素，但串联着这3种要素的核心主线乃是旅游体验。如果在旅游世界当中抽掉了旅游体验，就等于抽掉了旅游现象的基本矛盾，抽掉了旅游现象的内核。没有旅游体验这种根本的需要，旅游产品就没有必要被生产出来，旅游资源将依然以其自在的状态存在着，不存在专门的旅游企业生产旅游产品，狭义旅游业也就自然不存在，而它的缺位，将使广义旅游业成为没有旅游内涵的空壳，它们的存在意义仅仅具有非旅游的意义。正是基于这样的认识，我们发现，旅游世界当中，不能没有旅游体验。承认了旅游体验这个范畴的客观性以及它在旅游世界当中的主体性地位，就需要具备对这种现象有基本的认识，因此，学术界对这样一个问题的研究缺位，也自然是不能接受的。

2024 年冬至日重读此文于灵水湖畔

目　录

关于旅途和远方的情绪，萌生于童年的某个深夜。妈妈牵着我的手去火车站接车，踩在哈尔滨的严冬厚雪上，发出干燥而寂寥的声音。然而，当我看见灯火通明、热气腾腾的火车站的时候，那种喧嚣和骚动，令我幼小的脑海里产生了对远方深深的向往。

——田成

第一章 导 言

一、研究缘起

（一）旅游体验的反身性认识

真正领略“旅游体验”这一范畴的学术价值是在我2002年攻读旅游管理硕士研究生之后。从那时起，这四个字一点点嵌入到我的生命历程，成为我生活世界中出现频率最高的词语之一。它转变成我感受和理解世界的一种方式，促使我在这个领域做更深入的观察与思考，并引领我积极捕捉旅游世界中所展现的新的现象及其规律。由于旅游体验作为一个研究领域对旅游知识生成的巨大潜力，即所谓旅游研究的一个富矿（谢彦君，2005c），因此在我确定博士研究项目时，旅游体验的一个重要下位范畴——“旅游场”——则又开始吸引了我。利用这个范畴，我开始努力将旅游现象置于一个现实情境中加以理解，试图从其中发现旅游现象发生的内在机制和外部表现。研究的相应方法也发生了一些改变，从原来的以抽象演绎的实证研究转变为以个人在位观察、内省和文本分析为主的研究方式，这个研究历程标志着本项研究也是在研究者和旅游者两种角色的交织作用中通过涓滴体验的汇集才逐渐浮现出来的。

最终，以表演的视角来审视旅游场的性质和构成，就成了本研究的原初进入路径。

实际上，在旅游世界中，日常发生的旅游现象往往都具有“场”的规定性和“表演”（至于表演在本研究中的严格的学术定义，需要随着研究进程逐步揭开，这也是本研究的使命之一。现阶段，可以暂且按照“表演”的常俗含义来理解这个范畴，尽管这样势必会产生理解上的某种偏误）的形式特征。多年前，一次游历法国的经历就唤起了我对旅游场的这一意识。那一次，我与其他游客坐在旅游大巴上穿行于巴黎的街道。不期然地，一位同行的中国游客突然大声抱怨道：“怎么还不让我们下车？”这句话音量不小、怨气十足，与大巴中安静的气氛极不相符。尽管其他同行游客也对这种观光方式心存不满，却选择了沉默。只有她，这个二十多岁，性格开朗、貌似胸无城府的女孩沉不住气了，像孩子一样道出了真相。其实我自己不是也深有同感吗？身体受到座位的拘束，景物又被车窗隔挡在外，坐了两个小时的车终于来到了巴黎市区，却眼看着景点从眼前掠过而无法亲近，真想赶快下车去呼吸一下巴黎的空气，驻足于那些早已刻印于期望之中的一个个景点，体会在场的真切感受。卢浮宫、埃菲尔铁塔、香榭丽舍大街……这些地方以前曾在想象和预期中闪回于脑海，今天，乘车与它们相遇，却不能融入其中进行体验。当身体被束缚在大巴车上，大巴车这个狭小的空间便与车外流动、闪回的不同景观形成了强烈对比，游客们内心的需要与满足之间矛盾张力的发展，最终使大巴车的“场”由抱怨、沉默、失望的氛围所笼罩，而车窗外一个个闪过的景观，依旧以未曾切身领略的心理想象构成旅游者的旅程缺憾。游客虽在巴黎，但未曾与景观真正相遇，因为未曾在场，未曾以身体之、以心验之，于是，形成了一次失败的旅游。

同样是坐在旅游大巴上，同样是浮光掠影地欣赏窗外的美景，但在另外一个时空背景下，我却体验到不一样的感觉。当时，整个旅游团坐车从奥地利因斯布鲁克前往意大利比萨，途中经过阿尔卑斯山区，沿途是连绵不断的山峰、松树、木屋、白雪、蓝天，美不胜收。那段美景令人陶醉，那段旅程也让人开怀。车厢里不时爆发出“啊”的惊叹，然后大家齐刷刷地站起来举起相机拍照，就像经常排练的剧班，配合得十分默契。途中，有人谈笑风生地预言，等到了目的地，相机就会没电。有人提议在加油站停车看风景，顺便洗洗车，因为玻璃不干净，影响了拍照效果。还有人突然兴奋地说：“呀，火车！”导游笑着调侃道：“没见过火车啊？！”由此引来一阵哄堂大笑。是啊，同样是火车为什么在这个时空出现会让游客如此惊喜？为什么隔着车窗拍照的难度很大，大家却还要频频举起相机？为什么同样是在旅游大巴车里，那时的我们会如此开心？

更进一步地审视旅游世界中这些“场”现象以及人们的“在场行为”，就会对这种现象产生更多的好奇和疑问。以我自己亲历的经验来说，为什么让我欣喜不已的波兰民宿却令同行的女士万分恐惧？墙上那充满异域风情的传统挂毯不正是我们找寻的波兰味道吗？挂毯上那隐隐的黄色怎么会与中国皇家联系在一起，以至于让她难以入眠？还有，为何关帝庙将身穿泳衣到访的世界小姐的照片张贴在步道两边？为何风景宜人的山林会在山泉流经的山地铺装上瓷砖？为何在波兰旧都克拉科夫相识的美国背包客又在华沙不期而遇，于是接下来同行的一段旅程中风景由焦点变为背景，而她却成为我眼中的风景？为何同行的小伙伴在得知坐错车时的反应会如此大相径庭，有的乐不可支，有的却愁眉紧锁？为何同去一地游玩，回来互相分享照片时却发现我们每个人看到的世界竟然如此不同，仿佛去过的不是同一个地方？我们究竟体验到了什么，又是怎样获得这些体验的？

这些问题的答案有时会隐约显现在专业文献和学术沙龙的讨论中。每当触及相关内容，曾经在旅途中经历的过往便会被唤起，让我感到一种似曾相识的熟悉。而那些文献中的观点，那些让我难解的术语，也总会与我在旅游途中不期而遇。然而，随着接触的学术文献的增加，我越来越感到，已有的研究成果对我的好奇心和疑问并不能给出系统的答案，甚至根本回答不了旅游世界中人们的在场表现所具有的独特的心理规律和社会特征。有了这样一个认识，我开始尝试用学术的工具来解释旅游世界的这些现象。换言之，在学术研究和个人的旅游体验的交相往复中，“旅游场”以及旅游者的“在场行为”逐渐成为我的学术研究的聚焦点。

（二）西方旅游体验研究的表演转向

上述个人在旅游世界所经历的事件，突出地展现了旅游世界的“场”现象，并隐喻了旅游者“在场”的重要性。这一学术关注点显然隶属于旅游体验研究范畴之下。旅游体验研究在国外旅游研究中一直占有重要地位，其研究内容主要集中在旅游体验的类型、层次、真实性、影响因素、应用几个方面（赵刘、程琦和周武忠，2013；谢彦君，2005c），研究视角则经历了几次转变。乌利雷（Uriely，2005）较系统地总结了旅游体验研究的发展，指出旅游体验研究正在经历从旅游业提供的旅游客体决定旅游体验到旅游者主观建构旅游体验的转变。而随着人文社科领域“表演”思潮对旅游研究的影响，西方旅游体验研究的视角又发生了新的变化，逐渐把旅游者行为置放到“场”中，并开始意识到这种行为具有典型的“在场性”，是一种介入性的“表演”。西方旅游学术界的这种研究趋势，一方面来自学者们对旅游现象所做的独立观察，另一方面，社会科学界的“表演转向”思潮也在启发并推动着旅游学术研究的新动向。因为，自20世纪70年代以来，“表演”（performance）一词已经成为戏剧研究、口头艺术研究、舞蹈研究、人类学、社会学、艺术史学、文学批评、法律研究、媒介理论、文化研究、女性主义理论、马克思主义、结构主义、后结构主义等学术或思想领域的关键词。旅游领域作为一个多学科交叉融合的汇聚之地，也同样受到学术界这一思潮的影响。自20世纪90年代开始，Tim Edensor、David Crouch、Jorgen Ole Baerenholdt、Jonas Larsen等美国及西欧学者的成果逐渐集聚成一股力量，促使西方主流旅游研究中呈现出一种“表演转向”。

在旅游表演转向的形成及发展过程中，拟剧论、具身理论、表演性理论以及非表征理论这些交相互融的理论与旅游表演转向的关系尤为密切。在这些理论思想的滋养下，旅游语境中的表演内涵不断得到扩充，旅游学者们对表演的理解愈加丰厚起来，这一点较为明显地体现在近二十年来与表演转向相关的研究成果中。这些成果的研究内容涵盖了旅游空间的生产与消费、旅游者认同、旅游互动、旅游体验等诸多方面的内容。从最初的拟剧论到如今的多感官具身实践，“表演”隐喻为探究旅游体验提供了一个全新的视角，学者们不再视旅游者为被动接受者，不再视旅游地为静止的、事先设计好的产品，而是透过表演视角以更全面、动态、关联的方式去审视旅游，并由此意识到旅游体验所涉及的是一个复杂的网络，是主客融合的具身实践，因而提出从“场”的角度去理解旅游体验（Bærenholdt et al.，2004；Haldrup & Larsen，2010；Hannam，Sheller & Urry，2006；Noy，2008；Giovanardi，Lucarelli & Decosta，2014）。他们在研究成果中虽然并未谈及旅游场的概念，但明确表达出了“场”的思想。

反观国内，虽然早在2005年心理学中“场”的概念就已经被引入旅游体验研究，“旅游场”的概念也得到了系统的界定（谢彦君，2005c），但时至今日，尽管也有一些重要的后续研究成果面世，但这一领域依然存在大量有待解决的问题。此外，在有限的相关研究中，学者们对于旅游场的理解仍莫衷一是，而将旅游场这一理论范畴应用于现实的旅游产品开发的成功案例虽然大量存在，但由于旅游学术界的理论研究与应用研究在衔接上的缺位，使得实践中正在做的事情变成了实践者的独立探索，而旅游学术界的理论研究成果变成了象牙塔中的自得其乐。这种理论研究与产业和社会实践的分裂，使旅游体验研究成果的社会影响力受到了削弱。所以，从国内外现有研究状况可以看出，有关旅游场的理论研究尚有大量的问题没有解决，有关旅游场的应用性知识转化也缺乏切实可行的理论指导策略。在这种情况下，旅游场的进一步研究可以为深入理解旅游体验提供一条新路径，是旅游体验研究领域的一个自然而然的延伸和巩固。正是基于这样一种认识，本研究将“旅游场”以及旅游者的“在场行为”作为研究的焦点，而审视的通道则借助于理论上日益引起人们重视的“表演”理论。

（三）本研究探讨的核心问题

首先，本研究从理论层面对“旅游场”的概念进行研究，为这一理论范畴确定新的概念内涵和外延。尽管“旅游场”的概念已经提出了十余年，但是人们对这一概念所指涉现象的本质规定性还缺乏基本一致的认识，这使得旅游场这一理论范畴的现实应用受到了局限，因此，有必要对这一概念进一步加以讨论。为了达到这一目标，一方面，本研究从现象出发结合现有文献回答为何要从“场”的角度去研究旅游体验，并尝试对旅游场概念重新进行界定；另一方面，本研究努力探究旅游场的本质特征、时空体验特征及生成运动规律，尝试给出分析旅游场的概念性框架，解码高品质旅游体验的生成路径，为理论分析及实践操作提供一条切实可行的途径。在相关研讨中，本研究的目标是要回答这样一些问题：应如何理解旅游场这个概念？它有着怎样的本质内涵和特征？如何把握旅游场的时空特征，区分旅游场的类型？旅游场有着怎样的结构？旅游者在旅游场的时空体验有何特征？这些时空体验是如何生成的并且有着怎样的运动规律？

其次，本研究力图将旅游者的在场行为作为研究对象，一方面完善理论界对“旅游场”的概念性界定，另一方面为展开对旅游者在场行为表现的规律性、内在机制和现象模式研究奠定一个初步的理论基础。在这个方面，具体探究的问题包括：应如何看待旅游学术界正在发生的旅游表演转向问题，它所带来的现实意义是什么？这种研究转向建立在哪些理论的基础之上，有着怎样的发展脉络及特点，形成了哪些核心观点？借助于对本研究材料和调查问卷的实证分析，“表演”这一理论命题在旅游世界尤其是旅游场当中是如何展现的？

再次，本研究对旅游场与旅游“表演”行为的研究，要深入到现象的细部，提出更为全面、系统和深入的观察路径，从而建构起相关的理论命题，并努力提出相应的理论范畴。在这方面，通过考察旅游场的时空维度以及“以身体为中心”“身体关联性”“多感官性”等特征来深化对旅游场的认识；通过考察旅游场中游客“表演”的“他者带入”和“自身浸入”两种方式来归纳游客“表演”以及“旅游场”建构的规律。

最后，本研究在解决上述理论探索目标的同时，也隐含着要回答一个有关“旅游场”以及旅游者“在场行为”或“表演”研究的认识论和方法论问题。究竟应以何种方法展开对旅游场的概念性辨析，如何建构旅游者在场行为的相关理论，这既有研究方法、路径、工具的选择问题，也由此产生了研究结论的认识论问题——这种研究带有多大程度的主观性？在何种程度上，本研究做到了“价值中立”（value-free）？本项研究所采用的大量研究资料，多来源于旅游者的“个人史”自述文本，而对这种主观文本的“客观性”（或称为价值中立）的理论发掘，在本研究中是否得到了充分的实现？正如贝哈（2012）在《伤心人类学：动情的观察者》一书中所表明的态度那样：一项社会科学研究成果，尤其是采取参与性观察的方法所进行的人类学研究成果，一定程度上的价值载入（value-loaded）不仅可能是无法避免的，甚至是必要的。那么，在这个问题上，本研究所采取的策略最终体现了一种什么样的认识论观点，尽管本研究没有对此做出正面回答，但事实上已经构成了本项研究的一个附属性的研究论题。

二、研究思路与各章概要

（一）研究思路

本研究将理论思辨和实证分析相结合，以质性研究方法为主对旅游场进行探究。具体研究思路为：首先，在对旅游体验现象进行深入观察的基础上，结合对相关文献的阅读分析，明确本研究要解决的问题。并借鉴其他学科理论和实证研究成果，从表演视角出发，对旅游场的概念及本质进行理论思考。其次，通过参与观察、深度访谈、游记类书籍、旅行日记、旅游者拍摄的视频、网络图文以及问卷调查等多种渠道收集数据，运用扎根理论、问卷调查法等定性定量方法相结合的方式分析数据，完成对旅游场特征、结构、类型、时空空间体验及其生成变化等动态过程的认识。

（二）各章概要

本书分为四大部分，共七章。内容的铺排借鉴戏剧情节发展模式，按照开端、进展、高潮、结局四个部分展开。

第一部分为开端，包括第一章，说明了论文选题、研究意义、研究方法、创新点等基本问题。

第二部分为进展，包括第二章至第五章。第二章对旅游表演转向进行了系统梳理和反思并引出本研究的研究主题。首先，考察英文单词“performance”及其中文对应词“表演”在各自语言体系中的含义，对比二者之间存在的差别并解读西方旅游表演转向中“表演”的内涵。其次，梳理旅游表演转向的理论基础、现有成果、发展脉络及核心观点。最后，指出旅游表演转向给予本研究的启示，引出研究主题。第三章至第五章探讨了旅游场最基本的问题。第三章首先对物理学、心理学、哲学中场概念的发展进行梳理，对旅游场相关的现有文献进行综述，并在此基础上，对旅游场概念进行重构并指出其本质特征。其次，详细说明可用以分析旅游场的三个空间层面和两个时间层面。最后，解析旅游场的状态结构。第四章探讨了旅游场片段的类型，以及场片段中场感的形成要素。第五章探讨了旅游场片段中的时间体验。

第三部分进入高潮，包括第六章，探讨了旅游者如何与物质空间建立关联，也就是旅游场片段的生成方式，揭示了难忘的旅游体验是如何创生出来的。

第四部分为结局，由第七章单独构成，对本研究进行了总结与展望。

三、研究设计

本项研究采用定性研究与定量研究相结合的方法，主要使用扎根理论方法、深度访谈法、参与观察法以及问卷调查法等进行研究。整个研究过程质、量资料并采，不断整合以获得对研究对象的深入理解。

（一）数据收集方法

（1）以网络为主通过多种渠道搜集游记、视频、照片等资料。首先在百度搜索引擎中输入“游记”，获得排名前三的网站分别为“马蜂窝”“蝉游记”“携程旅行游记”。以这三家网站作为网络游记主要来源，选取旅游者撰写的以记录体验为主的游记。选取时兼顾旅游目的地的国别及类型，力求涵盖多个国家、多种类型旅游目的地的体验，并在研究过程中根据研究需要进行数据的补充，共计收集网络游记 68 篇。还通过网络采集博客、媒体报道、微信公众号文章等网络文本共计 19 篇。

（2）通过参与观察获取一手资料。在 2010 年至 2017 年，以自助游或参团旅游的方式前往欧洲部分国家（德国、法国、捷克、意大利、奥地利、波兰、瑞士、卢森堡、荷兰等）及国内部分城市（北京、上海、西安、洛阳等）进行参与观察。研究者在参团旅游期间隐蔽了自己的研究身份，在整个旅游过程中采用笔记或录音的方式记录旅游途中其他游客在不同场景中的行为表现、言语表达以及研究者自身的感受，后期共整理 12 余万字的文字资料。此外，还收集了部分同游者撰写的游记以及拍摄的照片、视频资料。

（3）通过结构及半结构访谈收集定性数据。访谈工作在 2014 年 9 月至 2016 年 9 月完成。根据旅游活动地点将访谈分为事后访谈和现场访谈两类。事后访谈以结构式访谈为主、非结构式访谈为辅。其中，结构式访谈采用集体访谈形式，要求受访者回忆以往的旅游经历并对某一印象深刻的旅游场景进行详细地描述，共计访谈 60 人，受访者均为在校大学生。非结构式访谈采用一对一访谈形式，共计访谈 8 人，年龄分布在 35~55 岁，职业为政府公务员、高校教师、自由职业者、记者和医生，每次访谈时间持续半小时至一个半小时不等。访谈前鼓励受访者搜寻旅游过程中拍摄的相关照片及视频唤起回忆，并在访谈时展示给研究者。访谈主要围绕某一旅游经历展开，侧重了解给旅游者留下深刻印象的那些场景以及旅游者当时的行为和感受。现场访谈在受访者旅游过程中展开，主要询问其现场体验，共计访谈 6 人，访谈时间受旅行安排影响而普遍持续时间较短，平均在 8 分钟左右。

（4）通过问卷收集定量数据。本研究借助国内专业的数据收集平台“问卷星网站”发放调查问卷。网络调查方式有助于突破地域限制，拓宽取样范围。调查过程中，调查者主要通过身边的旅游爱好者、旅行社导游、朋友同事等推送网络链接，被调查者可通过手机和计算机链接到问卷进行填答。调查者在 2017 年 7~8 月累计回收 572 份问卷。在数据清洗阶段，根据答卷时间、反向测量问项是否符合逻辑、是否存在缺省值、是否存在高度一致的方式确定 103 份问卷为无效问卷，删除后最终获得 469 份有效问卷，问卷有效率为 82%。然后将所有数据统一转换为 .sav 文件录入定量数据分析软件 SPSS 16 中。

（二）数据处理方法

1. 扎根理论方法

作为一种质性研究方法，扎根理论由美国社会学家格拉泽（Glazer）和施特劳斯（Strauss）提出。这种方法主张采取自下而上的方法和步骤，从实际观察入手，从原始资料中归纳经验，然后上升到理论。这是一种从下往上建立理论的方法，即在系统收集资料的基础上寻找反映社会现象的核心概念，然后通过这些概念之间的联系建构相关的社会理论。这种方法一般分为3个环节：资料收集和分析，资料编码过程，理论生成与检验。

本研究涉及的旅游场问题需要扎根于具体现象和情境之中，适于通过自下而上的方式进行归纳与抽象，因此选取扎根理论作为主要方法与研究主题较为契合。本研究针对收集到的文本资料，借助质性软件Nvivo11进行编码分析，以探究旅游场时空体验的特征以及旅游场的生成及运动规律。

2. 问卷调查法

作为收集原始数据最常用的方法之一，问卷调查法是旅游相关部门在获取旅游者相关信息时所采用的较为普遍的一种方法，也是本研究为获取相关数据所采用的方法。与其他研究方法相比，问卷调查法主要有以下几个优点：问卷易于操作；便于收集原始数据；封闭式问题使得收集的数据比较可靠；匿名的自填式问卷使被调查者有机会披露自己的意见；标准化的问卷使得测量的标准统一。

尽管问卷调查法因简便易行、容易控制等优点而在实践中被广为应用，但它所存在的缺陷是不应该回避的。这些缺陷使得本研究在一定程度上受到了影响。比如，问卷一旦确定便缺乏弹性；问题回答依赖于被调查者素质及他们理性地、诚实地表达想法和感觉的愿望；封闭性的问题限制答案的范围，有可能使某些类型数据的有效性受损。

在本研究中，定量研究主要作为一种辅助的方法，用以探究旅游场片段的场感及时间指向存在的规律。调查问卷的题目设计建立在前期研究的基础上，根据扎根理论的有关编码设计所有调查问项并制作量表内容，使用交叉分析、独立样本T检验等方法，对场感特点、场感的影响因素、内外场感差异及时间指向等问题进行了定量分析。

旅行是一门大综合，它让我亲自接触世界的每一种可能，也让我可以在不同的角色扮演中更深切地理解生活，去回首过去，融会现在，贯通未来。……换一套生活剧本，演一场旅行电影，在旅途中披上生命里的华袍，做一回绝对的主角。

——晨曦

第二章　旅游研究中的“表演转向”

当戈夫曼（Goffman，1988）将拟剧理论作为解剖社会世界微观生活的工具并获得成功时，就意味着从表演的角度审视社会活动的性质具有了新的、更深的洞察力。旅游世界作为社会世界的一部分，自然也可以借助相关理论来对其规律加以揭示。因此，借助于表演的视角理解旅游现象就具备了一般的逻辑基础。

到目前为止，国内旅游学术界所使用的“表演”一词及相关理论，其核心概念基本来源于戈夫曼所使用的“performance”，如戈夫曼在其著作《日常生活中的自我表演》（*The Performance of Self in Everyday Life*）中所使用的那样。由于戈夫曼的理论作为拟剧理论的核心组分以及他本人在这一领域的奠基性作用，中国旅游学术界在使用从西方舶来的“表演”一词时，就一直沿袭了戈夫曼的“表演”意涵，同时难免会笼罩在中文传统意义上的“表演”含义之下。这一状况，事实上造成了中国旅游学术界在后来面临西方“表演转向”潮流时的迟钝甚至误解，值得对此作出系统的反思和梳理。

20 世纪 70 年代以来，“表演”（performance）一词成为戏剧研究、口头艺术研究、舞蹈研究、人类学、社会学、艺术史学、文学批评、法律研究、媒介理论、文化研究、女性主义理论、马克思主义、结构主义、后结构主义等学术或思想领域的关键词（王杰文，2012）。旅游领域作为一个多学科交叉融合的汇聚之地，也同样受到学术界这一思潮的影响。虽然早在1973年美国学者麦肯奈尔（MacCannel，1973）就在其发表的“舞台化本真性：旅游情境中的社会空间设置”一文中率先以“表演”为隐喻分析旅游现象，但直到20世纪90年代，随着Tim Edensor、David Crouch、Jorgen Ole Baerenholdt、Jonas Larsen等学者的书籍文章的发表，“表演”才受到西方旅游学界的普遍关注，进而在旅游主流研究中呈现出“表演转向”的趋势。

多学科语境下对“表演”作出的多重解读使得“表演”概念本身变得令人费解。“表演”这个词“在文化科学中已变成一个包罗万象的专门名词”（费舍尔·李希特，2012），“是一个本质上有争议的概念”（Strine, Long & Hopkins，1990）。正如卡尔森（Carlson，2004）在《表演：批判导论》一书中所说的那样，“‘表演’这个词近年来在艺术、文学和社会科学的广泛活动中已变得极为流行，随着表演的普及，有关表演的写作也大量出现，它们试图分析并理解究竟表演是怎样的一种人类活动。对于那些有兴趣研究表演的人，大量的分析和评论起初看上去更像是障碍而不是帮助。众多学科的专家所撰写的大量文章，在分析过程中所形成的复杂的专业批判词汇，都会让试图加入讨论的新人感到困惑并不知所措”。

当这样一个带有争议的概念被引入中文语境时更是增加了其理解上的难度。时至今日，尽管“表演转向”在西方主流旅游研究中已持续数十年，但国内学者却鲜有涉及。甚至在学术交流中探讨到“表演”时，国内学者对它还仅停留在通俗层面上的理解。因此，要想了解旅游表演转向，首先需厘清“表演”这一关键术语。只有澄清了“表演”的含义，梳理出旅游研究语境中“表演”含义的演变历程，才能破除障碍，在共同的话语体系下进行思考交流。

为此，本章首先对“表演”一词进行词源考察，了解不同语言环境中“表演”的含义及人文社科学术领域中“表演”的内涵，然后梳理西方旅游研究中的表演转向，考察其理论基础及发展历程，并提炼出旅游表演转向的核心特点，最后说明该表演转向对本研究的启发意义。

一、对“表演”的词源学和语用学考察

（一）“表演”在汉语中的常规性理解

每当人们在日常生活中提及“表演”这个词的时候，往往会遵循着某种约定俗成的看法，默会“表演”的含义，而不会出现理解上的分歧。这种“约定俗成”，最终构成了词典中的常识性解释。从《现代汉语词典（第七版）》（2016）中，可以了解到汉语语境中人们对“表演”所持有的三种常规性理解：（1）戏剧、舞蹈、杂技等演出，把情节、技艺表现出来；（2）做示范性的动作；（3）比喻故意装出某种样子。

从中可以看出，“表演”最普遍的含义是与戏剧、舞蹈、杂技等艺术形式相关联的，是外在于日常生活而在舞台或类似于舞台的空间所发生的事情。经过专业训练的演员把事先排练过的剧目展现给观众是最为典型的一种表演形式。但有时，表演者不一定是人，海豚、大象、烟花都可以成为表演者，话剧、歌剧、马戏、烟花都是通俗意义上无可置疑的“表演”形式。因此，在日常生活中，每当谈及“表演”时，人们往往会将其与舞台、演员、剧目、观看关联在一起。

此外，“表演”还意味着将自身所具有的技能展现给观众。例如，人们常常会这样问：“小朋友，可不可以给我们表演个节目？”“如果我们对这种常见的行为稍作思考，问一问是什么使得表演艺术具有表演性，我猜想答案在某种方式上会表明，艺术需要经过训练的或具有技能的人在场展现技能，这就是表演。”（Carlson，2004）在这一点上，西方和国内的理解是一致的。为了说明在公共场合展现技能对于理解传统的表演概念所具有的重要意义，卡尔森描述了让他印象深刻的一次遭遇：

像许多其他历史遗址举办的“亲历历史”活动那样，在美国加利福尼亚州的罗斯堡，有一对夫妇身穿1830年的服装，以最后一任沙皇俄国司令和他夫人的身份迎接到访的游客。为了让游客了解那个时期的文化生活，司令夫人一时兴起想要用钢琴演奏当时的音乐，但最后她放弃了这个想法，因为她觉得这样的做法会让角色脱离历史而被归置到表演的类别之下。尽管这位夫人身穿过去的服装，扮演虚构的人物，但她并不认为自己是在“表演”，而当她要进行钢琴独奏，展示特殊艺术技能的时候，她认为那样做就是“表演”（Carlson，2004）。

另外，“表演”并不是一个中性词，无论在西方还是在我国，“表演”都与“假装”“作秀”“欺骗”这些词相近，带有贬义的意味。在许多人的“常识”世界里，“演”就有“装假”和“蒙骗”的意味（李正涛，2006）。那些在剧场世界以外的表演是虚构和假象，被视为欺骗（Haldrup & Larsen，2010）。所以，当人们在生活中发现某人假装做一件事或假扮成某一身份时，可能会脱口而出“你就演吧”，这种情况自然而然地被归到了“表演”的名下。与舞台表演相比，日常生活中的这类“表演”往往不像舞台表演那样具有“合法性”，由于它是以误导他人为目的，因此会受到人们的排斥。

归纳起来，汉语语境中，对“表演”的通俗性理解可以从表演的空间和展现的内容来进行区分。舞台空间中专门呈现给观众的行为被视为“表演”，这是“表演”最广为接受的一层含义，其中包含以展示技能为主的表演和以扮演角色为主的表演两种情况。非舞台空间里所谓的“表演”也存在这两种情况的差别，将技艺展现给他人也被视为“表演”，它与舞台表演的共同之处在于它们都是面向观众的，表演者和观众彼此身份明确，这是舞台表演在日常生活中的延伸。而非舞台空间中“故意装出某种样子”是“表演”的另一种情况，这种表演是单向的，表演者想以假乱真，而并不亮明他作为表演者的身份。

汉语中“表演”所具有的这三种含义虽然在日常语境中基本能够达成共识，但也会出现因理解不同而导致莫衷一是的情况，这样的情形在学术语境中则更为突出。尤其在表演相关理论输入中国的过程中，这个“本质上有争议的概念”与中文的对接则显现出无法完全匹配的状况，导致“表演”理论在中国学术领域的推广受阻。一方面是常规性含义的遮蔽使人们对“表演”的理解难以跳出常识范围；另一方面是英文中“表演”的多重含义，加之西方学术界对其含义的拓展使该词已经成为拥有更具理论潜力的词语。这些在一定程度上为理解“表演”增设了障碍。那么，西方语境中的“表演”除了我们所熟悉的普遍含义之外还有哪些其他含义？

（二）“表演”在西方语境中的词源考察

“表演”在英语语境中对应着“performance”这个单词，“performance”有着极为丰富的含义。《韦氏词典》对“表演”做出的解释包含六个方面：第一，行动的执行或完成的事情；第二，实现诺言或请求；第三，扮演戏剧中的人物，或者在公众面前呈现或展示；第四，性能和绩效；第五，对刺激作出反应的行为；第六，个体的言语行为，也指运用某种语言说话的能力。显然，在给出的这六种含义中，有些看起来与汉语的解释迥异，甚至各英文含义之间也相差甚远。那么，这些含义从何而来？

探究其词源，我们发现，“performance”是从动词“perform”派生而来的，该词来源于古法语中由前缀“par-”和动词“fournir”组成的复合词“parfournir”，前缀“par-”意为“完全的”“整个的”，“fournir”意为“供给”“给予”“生产”“完成”，在盎格鲁－诺曼底语中为“parformer”，进入英语为“perform”。作为“完成”“实现”的含义，“perform”这个单词大约出现在1300年，而与戏剧或音乐相关的含义则大约出现在1600年。“perform”在中世纪英语中的含义与今天相比更广泛一些，其中包含“制作、建设、生产、引起”的意思，还有“（梦想）实现”的意思。[①]

---

① 词源释义来自EtymOnline在线英语词源词典网，http://www.etymonline.com/index.php?allowed_in_frame=0&search=perform。

由此可见，"performance" 这个单词原本与人的行动密切相关，既牵涉到行动的过程，也牵涉到行动的结果。在中英文转换时，我们经常将这层含义翻译为"履行""执行""实施""表现"或"绩效"。例如，"How well is the child performing in school?" 可译为"这个孩子在学校的表现怎么样？""当我们问孩子在学校表现如何时，主要强调的并不是展示技能（尽管可能会有所涉及）或完成特定类型的行为，而是参照某种难以名状的标准去衡量活动的总体成功状况"（Carlson，2004）。在这里，对表现进行评判的人往往不是行为者，而是观者。甚至行为者也可以不是人，而是某物。这种情况下，"performance" 通常被译为"性能"，如"汽车的性能"对应的英文翻译是"the performance of automobiles"。同样，性能好坏也是由观者评判的，观者成为评判"performance"的重要因素。只有在极端情况下，这个观者才可能是行为者本人。

值得注意的是，"performance" 在英文中最为常用的含义并非"表演"。反观汉语，"表演"这个词不具有"执行""绩效""性能"的含义，它虽然与"表现"一词相近，但还是存在明显区别的。所以，在汉语世界中有很多并不属于表演的行为，却能在英语世界里被视为"performance"。正是由于语言之间的差别，造成了国人对"表演"的理解困难。

（三）旅游学术语境中的"表演"

由于英文"表演"一词本身有着极为丰富的含义，因此，当不同研究领域基于此舶来的"表演"术语的某个或某些含义对其进行学术解读时，便呈现出"一个'表演'与'表演研究'的混杂谱系"（王杰文，2012）。这种对"表演"的多语境和多层次的运用，使之成为一个被多学科交叉使用的、涵盖面甚广的术语。正如戏剧导演兼表演理论家谢克纳（Schechner，2002）在《表演研究导论》一书中对表演所作出的宽泛界定：表演不仅包括"仪式、戏剧、体育、大众娱乐、表演艺术，也包括社会、职业、性别、种族和阶级角色的扮演，甚至包括医学治疗、媒体和网络等”。谢克纳进一步用“是表演”和“作为表演”两个概念将表演涵盖的诸多领域划分为两大类。“是表演”涉及的对象是诸如戏剧、歌舞、杂技等艺术行为与事件；“作为表演”涉及的对象是诸如仪式、庆典、赛事、社交、教育等诸多人类行为，这些对象本身并不是人们通常意义上所理解的艺术表演，而是带有隐喻性质的“表演”，它“已经从一个描述性的词汇变成了一种分析性的‘框架’，变成了一种具有本体论意义的、存在意义的‘范式’”（王杰文，2012）。而“表演转向”中的“表演”则属于后一种类型。

在旅游研究背景中，“表演”一词的内涵也并非一成不变。起初，学者们吸取戈夫曼的拟剧论将表演作为分析框架去研究旅游问题。在这一阶段中，“表演转向”更多地受到戏剧表演的启发，戏剧中的前台、后台、观众、剧本、即兴表演等术语被移植到了旅游领域。后来，厄里（Urry，1990）的“旅游凝视”理论引发人们重新思考视觉在旅游体验中的地位，而“表演”则作为一把利器被学者们用以批判“旅游凝视”理论。但在这种批判当中，人们愈发意识到旅游者是以多感官的、亲身的、主动的方式去消费旅游地（Perkins & Thorns，2001）。但学者们并未仅仅把目光聚焦在旅游者身上，他们在“表演”的启发下去审视旅游地以及其中涉及的物，用“表演”来隐喻具身实践，关注“表演行为如何通过‘施事（do things）’去构造一个正在生成的现实，而不是去反映一种社会结构”（Urry，1990）。在这种模式下，“表演”大大超越了戏剧表演的原初语义范畴，与具身、多感官、非表征、环境赋使（affordance）这些术语高度关联在一起。“表演”的内涵之所以会发生如此大的变化，主要是受到了拟剧论、具身思想、表演性理论及非表征理论的影响。

二、西方旅游表演转向的理论基础

旅游表演转向的形成及发展过程受到了人文社会科学领域诸多理论思想的影响，其中拟剧论、具身思想、表演性理论及非表征理论对其产生的影响较大。而这些理论彼此之间也是互相交融的，正如汉纳姆（Hannam，2006）所言，“受米歇尔·德塞都（Michel de Certeau）、瓦尔特·本雅明（Walter Benjamin）、吉尔·德勒兹（Gilles Deleuze）、菲力克斯·瓜塔里（Felix Guattari）和米歇尔·福柯（Michel Foucault）等人的启发，思里夫特（Thrift）发起了非表征理论，该理论与表演性及身体实践密切相关”。正是这些理论思想共同为表演转向注入了思想源泉、输送了学术养分。

（一）拟剧论

美国社会学家欧文·戈夫曼是拟剧论的创立者。在《日常生活中的自我表演》一书中，戈夫曼（1988）借用了戏剧表演理论的全套术语来分析日常生活中的社会互动。他用戏剧隐喻社会生活，认为每一个社会情境都可以看作是一个舞台情境，而社会行为就是在社会舞台上进行的社会表演。在戈夫曼看来，个体的表达可以分为两类。一类是给予的表达，包含各种语言符号或其替代物，人们借助它们来传达众所皆知的附于这些符号中的信息；另一类是流露出的表达，它可能是无意的，也可能是蓄意谋划的表达，包括了范围广泛的行动。而戈夫曼所谓的表演主要是指流露出的表达，他将其定义为“特定的参与者在特定的场合，以任何方式影响其他任何参与者的所有活动”。表演的目的就在于进行印象管理，也就是通过一定的表演策略在他人心目中塑造自己所希望的形象。而要做到这一点，我们就要把能为他人所接受的形象呈现在前台，而把他人或社会不能或难以接受的形象隐藏在后台。前台是让观众看到并从中获得特定意义的表演场合，后台则是不让观众看到的、限制观众和局外人进入的舞台部分，因为表演者在后台可能会表现出与表演期望促成的印象不一致的行为。除了对表演者与观众之间的互动进行分析，戈夫曼还对表演同一常规程序时相互协同配合的剧班成员之间的互动进行了分析。

戈夫曼的拟剧论对社会学研究产生了深远的影响，其中所涉及的前台、后台、角色、脚本、剧班、印象管理这些概念也为旅游研究开辟了一个全新的视角。此外，戈夫曼的理论强调身体是人的行动中不可或缺的要素，它充当着人的自我认同与其社会认同之间的关系的中介。这也启发着人们从习惯、自我认同、群体认同等方面去审视旅游行为。

然而，不难看出，戈夫曼思想中的核心部分，在定义“表演”的内涵方面，更加突出了行为“矫饰”的地位，强调处于前台的角色扮演总是处于印象整饰的努力当中。戈夫曼对于人际互动的这种理解与中国情境中所谓的“面子”文化隔空相应。而实际上，戈夫曼正是在华人人类学者胡先缙提出的“面子”概念的基础上，提出拟剧论用以解释人与人之间的互动现象（刘静，2007；韩萍，2010）。戈夫曼所诠释的“表演”的内涵与中文“表演”的原初含义十分契合，因此，拟剧论引入中国后被十分顺畅地接受了。中国旅游学术界在消化戈夫曼的“表演”理论（即拟剧论）时，也几乎没有遇到任何阻碍，但也因此预设了后期学术界理解“表演转向”的更广泛理论意涵及其意义的障碍。

（二）具身思想

在传统西方哲学思想中，灵魂与身体相分离、灵魂统治身体的观点长期主宰着人们对世界的认识。十七世纪法国哲学家笛卡尔（1986）继承并发展了这一观点，系统地提出了身心二元论。他认为，心灵与身体是独立存在的，彼此互不依赖；心灵的本质是能思维，但没有广延；身体的本质是有广延，却不能思维。心灵可以离开其外延的身体而存在，是不同于身体的实体。笛卡尔的身心二元论将心灵确立为认知主体，为近代西方哲学建立了主客二分的范式，根深蒂固地影响着人们的思维方式。但这一理论将心灵与身体对立起来，切断了二者之间的联系，忽视了认识过程对身体的依赖，因此也受到人们的质疑。具身思想就是在对身心二元论反思的基础上逐渐形成的。这一思想在尼采、胡塞尔、海德格尔等哲学家的著作中都有所体现，但它真正的开创者是法国知觉现象学家莫里斯·梅洛—庞蒂。梅洛—庞蒂提出了“具身主体性”的概念来反驳笛卡尔，这一概念的“意义在于提供了击败笛卡尔身心二元论的可能性”（Fusar - Poli & Stanghellini，2009）。梅洛—庞蒂既不将人视为非具身的心灵，也不将人视为复杂的机器，而是将其视为鲜活的、积极的生命体，它的主体性是通过身体与世界交涉的方式得以实现的。在梅洛—庞蒂眼中，我就是我的身体，我的身体就是我，物质和精神在我这里是同一的。我们心智的一切能力始终以具身的方式实现着我们与世界的交往，同时也制约着我们与世界交往的可能性。

“梅洛—庞蒂将身体视为人与世界关联的唯一桥梁，促成了现代西方哲学的‘身体’转向”（叶浩生，2011）。受到这一哲学思潮的影响，旅游学者们也将具身思想作为理论武器对传统主流研究提出质疑。一方面，学者们意识到传统旅游研究过分强调以视觉为中心，导致身体的缺席，“身体通过文本表征的形式被边缘化”（Cohen，2012），而这与旅游者在旅游中获得多感官体验的事实是相悖的，旅游者应该是“以不同方式（且具有不同能力水平）在多种多样的舞台上进行表演的具身‘行动者’”（Light，2009）；另一方面，学者们也意识到传统二元论束缚了人们的思维方式，进而对主人—客人，旅游者—目的地，生产—消费，寻常—非同寻常、国内—国际这些固定的思考模式提出质疑，并尝试挣脱这些思想的藩篱而从更全面、动态、关联的角度去审视旅游。

（三）表演性（performativity）理论

“表演性”这个概念最早是在语言哲学学科中提出的，用以讨论语言对身体表演的影响。英国语言哲学家奥斯汀（J.L.Austin）的言语行为理论是表演性理论的源头（Austin，1962）。奥斯汀认为言语表达不仅可以陈述，而且具有表演性，也就是说，言语表达本身就是行为，是有能力改变世界的（何成洲，2010）。德里达对奥斯汀的观点进行了批判性解读，他关于“引用性”和“重复性”的论述为表演性理论的发展奠定了基础。然而，真正使表演性成为人文社会科学流行话语的，是朱迪斯·巴特勒（Judith Butler）和她的性别研究（Nash，2000）。巴特勒用表演性替代了表演这个概念，指出性别是通过身体和话语行为的表演建构而成的，并非自然事实。女人和女孩通过重复表演玩娃娃、穿裙子、化妆这些具有女性化特征的事情使得女性身体得以具身化，成为不加反思的习惯。除了奥斯汀、德里达、巴特勒这些具有代表性的学者之外，一大批不同学术领域的学者都参与到“表演性”的讨论之中，从而使“表演性”被广泛应用在语言、文学、文化、政治、法律、地理等不同学科的研究中。在文化地理学研究领域，凯瑟琳·纳什（Catherine Nash）在她对文化地理中一些近期成果进行评论时指出，表演性及舞蹈出现在地理学中也更多地受到女性主义者的身体研究，尤其是朱迪斯·巴特勒的性别与性倾向表演理论的启发。她认为，“对巴特勒而言，运用表演性这一概念是为了找到一种更具身的方式去重新思考具有决定性的社会结构与个人能动性二者之间的关系而做出的尝试”（Nash，2000）。

然而，尽管“在当代社会学的重新定向中，‘表演性’是至关重要的、具有创新性的一个取向”，但“在当前旅游研究中尚未得到充分挖掘”（Cohen，2012），甚至旅游学者们对表演性所持有的态度也迥异有别。汉纳姆（2006）认为“表演性”是十分重要的，因为它注重具身性并且涉及旅游者与他人的关联，因而用“表演性”这个概念去解释旅游者实践要比“表演”更适合一些。“表演性”是综合理解旅游者能动性以及旅游者与主人之间关系的核心，这个概念使人们能够深刻洞察主—客社会关系，它“阐述了一种对‘主人’和‘客人’之间具有争夺性和具身性的关系更为细致入微的理解——主客所说的不同语言以及这些语言如何引致不同的身体行为举止与实践活动”。但艾丹瑟（Edensor，2009）却认为研究旅游时“区分表演性和表演并无裨益，因为这样会形成一种二元观念，使表演被赋予具有自我意识和故意的特点，而表演性则被认为带有重复性和非反思性”。总体来看，“表演性”在旅游话语中的含义并未得到深入研究，但纳什对非表征理论的评述却使旅游学者们受到启发，推进了人们对于旅游实践活动的认识。

（四）非表征理论

非表征理论（Non-representational Theory）的发起人是英国华威大学教授、人文地理学家奈杰尔·思里夫特（Nigel Thrift）。思里夫特（1997）关注到20世纪80年代以来人文社会科学领域出现的一个重大变化，并将其称为非表征理论或实践理论，“这一理论几乎在人文社会科学领域的每一个分支中都有所体现，例如哲学（如Searle，Dreyfus的著作）、社会理论（如Foucault, de Certeau等人的观点）、社会学（如Giddens早期著作以及Game，Latour，Law，Rose等人的著作）、人类学（如Bourdieu的著作）、社会心理学（如Billig，Schotter的著作）甚至地理学（如Thrift的理论）”。这些领域在思想上体现出的共性是：试图引导人文社会科学领域的研究者从实践而不是认知的角度去了解世界，主要关心的不是世界真正是什么，而是普通的日常实践活动，“通过这些实践我们成为去中心的、有情感的，但却是具身的、相关的、表达的且在一个持续运行的世界中牵涉到他人和物体的主体”（Nash，2000）。

思里夫特（1997）总结出非表征理论的特点：第一，非表征理论与实践相关，关乎那些塑造了人类在特定地点对待他人及自己行为的日常生活实践。它并不关涉表征和意义，而是将日常生活视为表演性的“呈现”“展示”“展现”。第二，非表征理论关涉主体化实践（要注意到“化”是至关重要的），而不是主体。主体被彻底去中心化，主体是具身的、有感情的并且从事的是具身的、有感情的对话式的实践。第三，非表征理论时时处处都关系到空间和时间。对非表征理论者而言，世界总是处于生成并因而相遇的过程之中。第四，非表征理论关涉存在技术

（technologies of being）、知识的混杂聚集（hybrid assemblages）、机构、人、评判系统、建筑物以及空间，它们的运行编排以某些关于人类的假定以及针对人类的目标为基础。

思里夫特所倡导的非表征理论注重的是无法充分说出的、词语捕捉不到、文本表达不了的实践，它拒绝以文本的方式去解读表征，但并未忽视表征，而是将表征本身视为具有表演性。思里夫特以舞蹈为例，说明许多社会表演都是预先表征和预先编排的。多数具身思考与施事（doing）都是非认知的、实践的、惯习的，却具有潜在的创造性和不可预测性。

“大卫·克劳奇（David Crouch）在研究具身旅游时将非表征理论引入到旅游研究中，把物质、非物质以及隐喻结合在一起。”（Haldrup & Larsen，2010）他认为旅游带有具身的性质，其表演性中包含着“出乎意料的、不同的、冒险的”可能性。旅游本质上是身体的实践活动，旅游者被地方所包围，他们遭遇的事物是感官的复合，他们是具身的。十分重要的是，克劳奇（Crouch，2002）提出具身不仅与身体性相关，而且还与想象、幻想、情境以及施事（doing）意义相关。旅游者凭借感官、精神、想象去表演旅游地，旅游地存在于大地上、存在于精神景观中还存在于图像和实物构成的物质文化中。将具身仅仅呈现为一种身体现象是不完整的，有必要将这种身体性与想象、社会情境以及让实践和空间有意义联系在一起。

人文社科领域中上述理论思想促使人们从新的视角去审视旅游相关问题，“表演”这个具有多重启发意义的词语被旅游学者们采借过来，并在旅游语境中不断挖掘其内涵，这一点较为明显地体现在近十几年来与旅游表演转向相关的研究成果中。这些成果主要出自美国及西欧学者，研究内容涵盖了旅游空间的生产与消费、旅游者认同、旅游互动、旅游体验建构等方面的内容。

三、西方旅游表演转向的发展脉络及成果积累

在上述理论思想的滋养下，旅游语境中的表演内涵也不断得到扩充，旅游学者们对表演的理解愈加丰厚起来。但从研究路径上看，这些成果却逐步分化为两种不同取向。一种取向立足于表演中的“演”，在戈夫曼拟剧论的基础上，将表演作为分析框架去研究旅游问题。另一种取向则超越了戈夫曼的拟剧论，用表演隐喻实践活动，强调旅游是具身的、多感官的、遭遇其他人与物并处于不断生成变化之中。这两种取向被科恩（Cohen，2012）分别称作“温和模式”（moderate mood）和“激进模式”（radical mode）。

（一）温和模式

西方旅游学者在对旅游表演转向追根溯源时往往聚焦于戈夫曼的拟剧论，以此为思想根源，并将麦肯奈尔视为第一位从根系中汲取营养、破土而出的学者。麦肯奈尔（MacCannell，1973）在拟剧论的启发下提出的“舞台化本真性”（Staged Authenticity）理论已成为旅游领域的重要理论之一。他借用戈夫曼的前、后台分析路径对旅游空间进行剖析，指出旅游者为了追求具有本真性的体验试图进入旅游地的后台区域，但这个后台实际是旅游管理人员为迎合旅游者的需要而设计出来的舞台化的“后台”。麦肯奈尔用一个以戈夫曼的前、后台为起止端点的连续体来涵盖各种旅游情境，并将这一连续体划分为六种舞台类型来说明不同旅游情境的舞台设置情况，使人们洞察到旅游空间的舞台化本真性问题。

麦肯奈尔的本真性理论对旅游研究产生了深远的影响，其他学者也大多沿着本真性的方向一路探寻下去，而并未对表演这一分析路径给予太多关注。真正直接而大胆地将旅游与表演联系在一起的是朱迪斯·阿德勒（Judith Adler），她发表在《美国社会学杂志》上的《作为表演艺术的旅游》（Adler，1989）使“表演”一词正式在旅游研究领域亮相。

文中，阿德勒将旅游作为表演艺术看待，认为旅游是一种创造世界和塑造自我的方式，特定的旅游表演方式与国籍、种族、宗教、年龄、性别及职业这些社会因素密切相关，而且受到规范、技术、机构安排以及神话的限定。她还注意到观众的重要性，认为观众对于任何旅游世界而言都是至关重要的，表演者对观众反应的期待以及观众的直接干预构成了旅游生产的一部分。由于观众会表达出自己对于不同线路、技术、动身时机、停留时间、讲解提供者以及表演标记方式的期待，因此他们也是提供清晰明确的表演标准的一个来源。

尽管阿德勒"捕捉到旅游表演的'工作原理'，但她忽略了更具创造性、更关键的具有较强自我意识的表演以及大多数旅游表演所具有的嬉戏的、表达的、玩笑的性质"（Edensor，2000）。对于这种笼统地将旅游假设为非反思表演的做法，艾丹瑟（Edensor）持否定态度。他在自己的研究中全面深入地阐述了对于旅游表演的认识（Edensor，2000，2001，2009）。他批判戈夫曼提出的社会表演具有工具性和反身性，同时也批判巴特勒对表演性的解释过度强调了社会互动中非反身的一面，而缺少能动性。在他看来，旅游中既包含不假思索的具有重复性的惯习，也包含经过反思的具有能动性的行为。旅游者"倾向于在非反思与反思状态之间移动，有时能意识到自身的行为，有时是工具性的，有时是无须质疑的不加反思的习惯"（Edensor，2009）。而且，旅游者对表演的沉浸程度会影响到反思的程度，也影响到他表演的剧目涵盖的范围以及即兴表演的能力。

艾丹瑟将旅游表演划分为三种类型：在引导下完成的、行动和时间受到限制的守规的仪式，在环境及专业指导规定范围内进行的具有反思性的部分即兴的表演，以及在无界限空间中完全即兴的表演。他将旅游空间视为旅游者表演的舞台，认为可以将其划分为飞地空间和异质空间两种类型。飞地空间边界清晰，是经过精心规划并受到严密管制和监督的区域，在这样的空间中，那些有可能让旅游者感到不悦的景观、声音和气味都被屏蔽在飞地之外。而异质空间是多种功能交叠在一起的空间，往往存在不同形式的规划、管制和监视，在这样的空间中，旅游者可以与居民、路人、工人等不同身份的人并行表演。在对旅游舞台进行分析时，艾丹瑟指出，尽管旅游舞台的不同形式、组织、物质、美学及感官特性会影响到旅游者表演的类型，但舞台无法决定表演，舞台的意义和用途随着时间而改变，其性质会因秉持不同规范的人的出现而发生改变。

除了上述代表性成果之外，采用温和模式的学者们还针对旅游者行为（Walsh，2010；Hyde & Olesen，2011）、主—客互动（Weaver，2005；Williams，2013；Larsen & Meged，2013；Brin & Noy，2010；Malam，2004；Mordue，2005；Crang，1997），以及自然环境、留言册等不同类型的舞台（Line，2013；Noy，2008）进行了研究。虽然这些研究从一个新的视角推进了人们对于旅游这一复杂现象的认识，但从总体上看，它们仍囿于机械的“牛顿式思维”（Giovanardi，Lucarelli & Decosta，2014）之中，倾向于以静止的、孤立的观点去看待旅游中涉及的旅游者、当地居民、旅游服务人员、旅游空间等要素，而没有将这些要素联系起来放置在某一情境之中去看待。

（二）激进模式

采用激进模式的学者们主要受到具身思想、表演性理论及非表征理论的影响，从而更进一步超越了戈夫曼的分析框架，用“表演”来隐喻具身实践，关注“表演行为如何通过‘施事’去构造一个正在生成的现实，而不是去反映一种社会结构”（Cohen，2012）。因此，旅游者被看作以不同方式在多种舞台上进行具身表演的人。那些舞台不再是由相关人员设计好后供旅游者进行消费的地方，而是由旅游者、当地居民以及旅游服务人员通过表演共同生成的地方，它不是静止而是动态的，不是孤立而是关联的。这种模式摒弃了以往将旅游者与旅游地割裂开来、区分看待的做法。

1. 聚焦旅游者的具身表演

在激进模式出现的初期，采用这种模式的学者将研究焦点转向旅游者本身，“置于舞台中央的是旅游者，而不是旅游业中的生产商、供应商和营销人员”（Light，2009）。尽管他们认同不同参与者的表演在旅游地生成中会起到重要作用，但却更侧重于旅游者表演的重要性，而“低估了主—客之间相互依存的更深层的意义”（Butler，1993）。

厄里在与谢勒共同编写的《旅游流动：游戏之地，游动之地》（*Tourism Mobilities: Places to Play, Places in Play*）一书中就明确表达出这样的观点。他指出：“地方实际上不是固定不变的，而是取决于‘主人’以及‘客人’，尤其是各种类型的‘客人’在这些地方用身体表演了什么”（Sheller & Urry，2004）。Bærenholdt 等（2004）在《表演旅游地》（*Performing Tourist Places*）中也持有相同观点。他们通过表演透镜对丹麦旅游地的生产与消费进行了研究，针对以往研究中将旅游者与旅游地截然区分开来的做法提出了质疑，认为将人与地相分离的做法并不合适，因为旅游活动离不开旅游地，旅游地是动态变化的，处于一个由主人、客人、建筑物、实物和机器构成的复杂网络之中，这些要素在某时某地偶然聚合在一起形成某种旅游表演，而旅游地“在一定程度上取决于众多的不同类型的‘主人’以及‘客人’的表演，而且尤其是‘客人’的表演”。

学者们之所以会将目光聚焦于旅游者主要源于对传统旅游研究的批判性认识，尤其是对厄里的“旅游凝视”理论（Urry，1990，2002，2011）的批判。厄里借鉴福柯的“医学凝视”概念，对英国大众旅游发展历程进行分析，认为可以用凝视来诠释旅游。尽管厄里在其著作中并未给出“旅游凝视”的确切概念，但却对旅游凝视的性质做出分析并且划分出不同类型的旅游凝视。他指出，凝视的概念涵盖了旅游体验，是对旅游者在假期里和远离工作时所寻找和所做事情的一种诠释。旅游者凝视遭遇到的事物，但凝视是社会建构的，他们在假期中找寻的是一系列在旅游公司的宣传小册子上或电视节目中早已看过的照片图像。旅游者出游时，便开始一路找寻并捕捉那些图像，并以展示自己拍摄的在出游前已经看过的图像来证明他们真的去过那里作为终结。

就像麦肯奈尔的本真性理论一样，厄里的旅游凝视理论也引起旅游学界的强烈回应，甚至“遭到众多批评，就像厄里做出的贡献一样，这些批评引发了对旅游体验有趣而又有益的思考方式”（Perkins & Thorns，2001）。而旅游表演则作为一把利器被学者们用以批判“旅游凝视”理论。正如 Perkins 和 Thorns（2001）所言，“‘凝视’作为隐喻过于被动而无法涵盖旅游体验的全部范围，我们认为旅游表演是一个更好的隐喻旅游的方式，它将身体的主动参与，身体的、智力的、认知的活动以及凝视都包含在内”。在这场关于旅游凝视的讨论中，旅游者成为学者们最初关注的焦点，具身、表演性、非表征理论等也被引入到旅游表演研究的话语中，“对具身实践和表演性的探讨强调旅游者做什么以及‘施事’如何使他们在旅游景点、旅游地及节事活动的体验充满活力”（Crouch，2004）。人们愈发意识到旅游者不是被动的、以视觉为中心的，而是以多感官的、身体的、主动的方式去消费旅游地。

最早用具身概念反驳旅游凝视理论的是 Veijola 和 Jokinen（1994），他们注意到由于“分析时关注于凝视以及雇佣劳动的结构与动力机制，因此旅游者缺失了身体”。身体在旅游研究中被长期忽略，而“一些注重具身性研究的人发现，到目前为止，旅游者还没有获得一个‘具身’。这并非意指旅游者具有什么超自然属性，而仅仅是指研究者们往往倾向于从宏观机制上对旅游者进行一般性的研究”（阿兰贝里，2014）。但旅游恰恰是围绕着各种各样的身体体验展开的，是通过感官、肉体、诗意的存在去完成的身体的实践活动。

Veijola 和 Jokinen 的批判引起人们对于身体和感官的关注。学者们意识到建立在笛卡尔二元论基础上的旅游研究，往往将自我与他人、旅游者与当地居民、工作与游戏置于对立的两端，从而形成了“霸权的、非具身的、带有男权主义的知识”（Johnston，2001），因此应该通过各种身体与感官实践去理解旅游体验。依循这一思路，学者们对不同旅游情境中旅游者的身体［睡觉的身体（Bell，2002）、攀爬的身体（Lewis，2000）、跳舞的身体（Matteucci，2014）、带有性别的身体（Johnston，2001）］和感官［触觉（Pons，2003）、听觉（Waitt，2010）、嗅觉（Andrews，2005；Macnaghten & Urry，2000）、味觉（Boniface，2003）、动觉（Bell，2002）这些单独的感官以及多种感官（Edensor，2007；Van Hoven，2005；Jensen，Scarles & Cohen，2015）］进行了探究。

尽管“具身指的是个体了解周围世界以及通过身心投入去理解这个世界的方式”（Crouch，2000），涉及身体与周围世界的对话。但除了关注旅游者的身体和感官，随着旅游表演研究的深入，其他要素也引起了学者们的关注。由于旅游者是在与其身体相关的空间中进行表演，因此学者们自然而然地将目光投向旅游表演舞台——空间（space）和地方（place），开始关注旅游表演在目的地的生成与再造中所扮演的角色。

2. 旅游表演的舞台——空间与地方

在旅游研究中，空间与地方这两个概念的使用比较模糊，往往被视为旅游者表演的舞台而混为一谈。在看待旅游空间与地方时，学者们不再秉持固定不变的、静止的观点，而将其视为随情况而动态变化的实体（Haldrup & Larsen，2010；Light，2009；Bærenholdt et al.，2004；Urry & Larsen，2011；Ek，2008；Thurnell–Read，2012）。他们将空间或地方理解为因表演而生成的实体，旅游者不仅仅穿越空间，而且有意识地去遭遇并体验地方和人。尽管旅游表演会受到某一空间或地方性质和特点的影响，但它并不局限在空间或地方的范围内，而是置身于一个更宽泛的背景中（Light，2009）。正如大卫·克劳奇所言，“旅游者作为心灵和身体的建构物，不仅有思维而且同时用身体去融入世界，让身体以实践的、想象的并且关涉到实物、空间和他人的方式去施事、移动和参与”（Crouch，2004），因此，“空间不仅是物质的、有形的、将旅游者的身体包纳其中的，而且是隐喻的，甚至是想象的”（Crouch，1999）。也就是说，“旅游者出游时将家乡文化中传播的对目的地的先前了解、期待、想象和神话都带上了旅途，而这些因素会对旅游表演产生重要影响”（Light，2009）。另外，旅游表演也会促成空间或地方的生成和再造，“旅游空间的生产消费涉及持续的协商与再协商，它不仅仅是通过话语要素和文化所赋予的想象完成的，而且是通过旅游者、旅游业专业人士和目的地社区的鲜活体验和共同表演完成的”（Ponting & Mcdonald，2013）。Ponting 和 Mcdonald（2013）历时十年对冲浪旅游地 Nirvana 的空间生产与消费进行了研究。最初，媒体将 Nirvana 建构成一个拥有完美海浪、配套服务、原始热带环境且人烟稀少的冲浪胜地。冲浪者们带着梦想来到这里，但切身体验到的坏天气、非一流的海浪、拥挤以及当地人的生活条件却对他们心目中的 Nirvana 构成了威胁。作为应对，权力机构通过虚构两个主导话语来维护旅游空间的地位。第一个主导话语强调冲浪旅游和西方文化不能为生活在发展中国家边缘的原住民提供什么，旅游者正确的做法是享用他们的资源并且避免与其接触。第二个主导话语鼓励旅游者相信能够过简单的生活是很幸运的，尽管当地居民贫病交加，但他们却感到很幸福。此外，租船冲浪行业为了与陆地上为冲浪者提供服务的旅游业竞争，还虚构出一个疟疾神话，这一神话通过导游传播给冲浪旅游者，从而阻止他们登陆。这些话语拉开了旅游者与当地居民的距离，使得当地居民逐渐被边缘化。但旅游者的表演是具有能动性的，虽然 Nirvana 主导话语之外的众多其他话语都被主导话语所扼杀，但还有一些因旅游者的具身体验而得以保留并向主导话语发起了挑战。通过这些具身体验，冲浪旅游者反抗并改变着冲浪旅游空间的主导话语，将处于边缘的当地居民带到了冲浪旅游体验的核心。Ponting 和 Mcdonald 的研究展现出旅游者表演作为一股力量如何与其他因素共同参与并影响着旅游空间和地方的生产与消费。

此外，学者们在探索旅游表演的空间因素时也意识到，考虑旅游空间中人与人以及群体与群体之间的互动也是必不可少的。奎恩（Quinn，2007）就针对威尼斯旅游者与当地居民之间的空间互动展开了研究。他指出，“现有文献倾向于仅仅通过聚焦旅游者去思考地方的塑造与重塑这一复杂问题”，但“如果要对表演合理地加以概念化，那么同理解旅游者所扮演的角色一样，理解当地人因旅游者的出现而如何被卷入到复杂的遭遇、协商、控制及较量之中也同样重要”。Thurnell-Read（2012）则针对前往波兰旧都克拉科夫旅游的英国单身汉群体的旅游空间实践进行了研究。他发现，对单身汉旅游者群体来说，克拉科夫的空间情境尤其是老城集市广场（Glówny）与邻近步行街在很大程度上有助于他们获得想要的体验。但作为旅游空间，克拉科夫的多面性会使其作为城市旅游目的地与作为本地人的商业和日常生活地两种用途之间产生冲突。不同群体会以不同的方式对物理空间加以使用。单身汉旅游者会带有讽刺性地颠覆他们所穿越的公共空间，他们占据着空间的主导地位，通常群体规模较大并且讲话声音响亮而又特别显眼。尽管单身汉旅游者将克拉科夫想象成一个社交礼节比较宽松的地方，但其他人可能对这里有着不同的定义。因此，旅游目的地是通过发生在那些空间中的互动而被赋予意义并发生改变的。

3. 旅游表演涉及的其他人与非人因素

旅游表演牵涉到一个复杂的网络，其中“主人、客人、建筑物、物体与机器不断汇集在一起去进行某些表演”（Hannam，Sheller & Urry，2006）。除了旅游者表演与当地居民表演之外，导游的表演以及表演中涉及的物也逐渐被纳入旅游表演研究范围内。

Brin 和 Noy（2010）以及 Suzuki（2012）在不同情境中对导游表演进行了探究。Brin 和 Noy 用表演性引导（performative guiding）来指代被视为情境化实践的导游表演。他们强调表演性引导不仅发生在其所在的空间中，同时也建构着空间。Brin 对耶路撒冷老城西南部一个前巴勒斯坦社区内的步行游览进行了参与观察，该游览由一位以色列犹太人担任导游，游客也是以色列犹太人。通过分析导游讲解词中提及的和未提及的事情，他们发现，“导游表演建立在导游选择向其观众谈及什么，忽略什么；什么要轻描淡写，什么要浓墨重彩；以及反过来观众会询问什么，或是作为既成事实予以接受。表演中所提及的和未提及的要素并非随意而为”。表演性引导对所游览社区的意义进行了重构，并通过提及历史事件再次对群体身份进行了认同。导游和观众既是地方故事的组成部分，也是集体记忆的组成部分。Suzuki 在研究导游表演时，选取了日本冲绳一个天然洞穴和一家战争博物馆进行民族志研究，来审视导游在景点如何通过叙述和表演去形成并维持一个特定时空的环境泡，以创造一个飞地空间促使游览的学生成为带有批判意识的学习型团体。研究结果发现，尽管游览中包含有倾听战争幸存者讲述令人信服的故事、参观精心设计的战争纪念馆、进入曾经作为军事掩体和战地医院的天然洞穴，但这些都无法确保学生对战争与和平进行严肃的思考。而使游览具有教育和改造潜能的却是与学生们同行并在他们面前进行引导、讲述和表演的导游，他们的作用就在于“激活”他人和自己。

除了导游之外，部分学者还意识到非人因素在旅游表演中的重要作用。Haldrup 和 Larsen（2010）在《旅游、表演与平日：消费东方》（*Tourism, Performance and the Everyday: Consuming the Orient*）一书中指出，“表演研究过分关注人（humans），从而忽略了非人（non-humans）”。他们在书中不仅强调旅游者的表演，同时还强调了实物和技术的重要性。他们注意到旅游表演所涉及的典型物品——相机，并运用表演方法来研究旅游者如何借助相机进行拍照。类似地，Walsh 和 Tucker（2009）对背包客旅行装备中的标志性物品——背包——进行了研究。研究发现，旅行者通过购买及使用背包开始建构理想中的背包客身份。背包不仅代表着某一类型的旅行者，还以多种复杂而微妙的方式组织着背包旅游，参与到情境、体验和社会关系的生产中（Walsh & Tucker，2010）。由于背包会影响到背包客每日行进的距离和时间、参观哪些景点、走进哪条街道、去什么商店、住什么样的海边小屋以及携带什么东西，因此，背包会促成或阻碍背包客的具身表演，从而改变并引导着他们的体验。

4.“场”概念初露端倪

上述这些研究具有一个共同的特点，那就是强调旅游表演各要素之间的关联性。学者们已经意识到了旅游表演涉及的是一个由人和非人构成的网络，并且开始以旅游者为核心对旅游表演中不同要素的关联作用展开研究。这让我们看到，以往切断关联去看待旅游的做法是存在局限的，因为旅游并不是单纯地由特定的人、地方或事物决定的，而是取决于“一个具有关联性的力场，这种关联生产并表演着主体和客体，使其进入到一个具有无限联系、认同和本体可能性的混杂的社会世界”（Walsh & Tucker，2010）。

瑞典学者Giovanardi，Lucarelli和Decosta（2014）在《共同表演旅游地:“粉夜”节》（*Co-performing Tourism Places: The “Pink Night” Festival*）中提出借助“场”去研究旅游表演，并引入Sterling（2010）提出的“表演场”（performative field）概念，认为旅游地时常面临着表演的可能，当地居民、旅游者和旅游工作人员通过共同表演对旅游地进行塑造、再造并与之融合。他们认为那些“建立在‘牛顿式’思维基础上的研究”以割裂的、孤立的方式去看待旅游地生成中的要素，而没有把这些要素关联起来并放置在某个情境当中。因此，应力图转变传统思维方式，借助旅游表演场这个概念从整体的、过程的角度去研究旅游，将旅游地视为不断变化的表演场，其中涉及由主人、客人、建筑物、物体以及机器构成的偶然汇集在一起去进行某些表演的复杂网络。

类似地，安德森（Anderson，2012）在“关联型地方：将冲浪中的海浪作为集合与汇集”一文中也提出了相似的观点，指出应该以关联的方式看待地方，将地方视为在某一时刻模糊在一起的各构成部分的融合，而不是各个部分的简单连接。他用两种方式来理解海浪：一种将冲浪中的海浪视为集合，一个由冲浪者、冲浪板和海浪联系在一起而形成的紧密结合的单元；另一种将其视为汇集，将冲浪中的海浪视为一个地方，其中的各构成部分彼此边界模糊，汇集为一体。这种理解“不仅鼓励我们以新的方式去审视传统的地方，而且让我们将新的（水的）‘集合’视为‘地方’”。

“场”概念的引入为旅游表演沿着激进模式深入探究下去开辟了一条新的路径。从物理学的角度看，场是相互依存的事实的整体。当“场”被引入到人文社会科学领域后，作为一种观念和方法，它强调的不是事物的个别部分，而是事物的关联，认为事物是在客观化的关联中得以建构的。

回溯西方旅游表演转向的发展历程，可以看到，透过“表演”，西方学者对旅游进行了更加深入而立体的探究。相关研究所涉及的研究对象逐步从个体拓展到群际，从物理空间拓展到身体空间，从“人”拓展到“非人”，从静态要素拓展到动态关联，并进而引入“场”概念，强调旅游体验的情境性，为旅游体验后续研究提出了一个具有理论深意的概念。

四、旅游表演转向的特点

在“表演”多重含义的启发下，学者们的研究视野大为拓展，他们以区别于传统的视角审视旅游，关注更具本质意义的旅游问题，对旅游尤其是作为旅游内核的体验进行了深入探究，从而呈现出一个更加丰富且充满活力的旅游世界。尽管旅游表演转向仍处于一个不断发展的过程之中，但到现阶段为止，我们大体上可以将其所呈现出的特点总结为以下几个方面：

第一，借助拟剧论中的舞台、角色、脚本、印象管理等概念对旅游现象进行分析阐释。将旅游所涉及的诸多空间或事物视为舞台，将旅游者视为在舞台上进行表演的人。认为旅游舞台的性质会影响到旅游者的表演，而舞台的性质也会因旅游者的表演而发生改变。尽管旅游者的表演会受到社会规范的约束，但并非完全遵循着既定路线和剧本，旅游者是具有能动性的表演者。

第二，对主人—客人、旅游者—目的地、生产—消费等二元思维提出挑战，以系统的、动态的视角去分析旅游。认为旅游地并不是毫无生气的、固定的，相反，旅游地是通过表演而被生产出来的地点，在表演者登场表演前，这些地方都是死的，而一旦表演开始，他们便有了生气，旅游者、当地居民、旅游服务人员以及其他事物都是旅游地的共同生产者。

第三，强调旅游者的具身体验，认为旅游是一种具身实践，旅游者是通过身体以多感官的方式带有情感地去体验旅游地，因而从感官、情感以及施事的角度探究旅游者如何通过身体去认知世界并获得体验。此外，表演转向不再将旅游与日常生活对立起来，旅游中的日常生活实践也成为值得关注的研究对象。

第四，强调关联性，并对旅游表演中的实物及技术要素给予足够的关注。在表演转向中，旅游是由人和非人要素构成的一个复杂网络，旅游地、旅游节事活动等都是这些要素之间相互作用而形成的动态生成物。其中，实物和技术对于旅游表演也是至关重要的，因为它们会限制或促成身体的表演，从而影响人们对现实的认知和体验。

第五，突破符号和文本的局限，从非表征方面审视旅游，关注各种现实是怎样通过表演生成的，提倡从实践的角度去研究旅游。研究者往往选用自传式民族志、网络民族志、扎根理论等质性研究方法，采取多种方法结合的方式，通过观察、访谈或研究者自身的体验等途径获取数据。

五、西方旅游表演转向的启示

旅游表演转向作为一股力量，推动着旅游研究走向的转变—— “从固定性到不确定性、从存在到做事、从结构到能动性、从沉淀的社会形态到它们的出现过程、从聚焦于较稳定的社会生活中的固定成分到联系这些成分的流动”（Cohen，2012）。正如影像技术的发展使人们超越二维影像空间而体验到多维立体空间一样，旅游表演转向让我们经由旅游的内核观察到一个更加丰厚立体的旅游世界。这一转向所带来的启发“具有深远的意义，但在当前旅游研究中尚未得到充分挖掘”（Cohen，2012）。具体来看，表演转向对本研究的启发体现在如下几个方面：

第一，尽管在西方主流旅游研究中“表演”是一个具有深远启发意义的隐喻，但由于“performance”在英文中具有的含义超出了其汉语对应词“表演”所涵盖的范围。因此，西方语境中“表演”所具有的隐喻功能在中文语境中部分失效。在这种情况下，国内学界应寻找一个能够使未尽含义得以表达的替代性词语，以弥合语言体系转换所造成的裂隙，突显出“performance”所强调的具身性、关联性、动态性等特征，从而为未来的旅游体验研究提供启示。那么，在“performance”尚未被汉语世界完全理解的情况下，究竟哪个词语能够恰如其分地表达出那些未尽之意呢？本研究认为，“旅游场”这一概念能够较为充分地体现“performance”所强调的这些特征，是中文语境下更具解释力和启发意义的词语。

第二，无论是温和模式中的戏剧表演还是激进模式中的具身实践，表演转向的发展历程体现出“表演”隐喻在启发人们思考方面所蕴藏的巨大潜力。但学者们对“表演”隐喻含义的深入挖掘并不意味着旧含义被新含义取而代之，而是意味着一条新路径地开辟，为体验研究提供更多的可能性。因此，本研究并未在温和模式和激进模式中选择其一作为立场，而是兼收并蓄，试图在“表演”多种含义的启发下去探究旅游者的体验过程。

第三，旅游体验研究应面向过程，而不仅仅是结果。旅游体验是在旅游者与旅游地以及他人互动过程中获得的，是一个动态变化的过程，而不是静止的状态。因此，旅游体验研究需要考虑时间因素，也就是要注重体验生成的过程。旅游体验是在时间的延绵中逐渐展开并深入的。就像戏剧演出一样，要让旅游者在特定时空亲身去参与一个个未知的剧目，他们在戏剧中不只是观众，还是角色，他们不是旅游地产品的被动消费者，他们也是生产者，与经营管理者、目的地和居民共同参与了旅游目的地的建造。

第四，旅游体验研究应面向关系，而不仅仅是要素。旅游体验的生成过程是旅游者与旅游地之间的对话过程。对话要通过旅游者身体的具身实践与旅游地建立关系才能够得以实现。旅游者通过哪些方式与旅游地的哪些要素建立了关系，这些关系又怎样影响着旅游者对旅游地的认知、情感和意义，这些都是“表演转向”指引我们去面对的问题。

第五，旅游体验研究方法需要新的突破和尝试。表演转向突破传统研究的思维定式，力求在现实情境中揭示旅游者具身体验及所在“场”的运动规律，这就需要研究者选取与研究目标协调一致的方法。由于定量方法将旅游体验割裂为多个要素，难以回答其动态生成机制，因此，表演转向多采用定性方法，以游记、访谈等作为数据的主要来源。虽然西方学者也尝试运用自我民族志去获取现场体验数据，却难以避免研究者与旅游者两种角色的相互干扰。研究方法创新是深化旅游体验研究的要求，也是研究者未来面临的一大挑战。

下一章，我们将透过表演视角为“旅游场”这一理论范畴确定新的概念内涵和外延，并探究旅游场的特点、结构、类型及时空体验的生成运动规律。

任何一个起先从相片上见过这个地方而后又去访问的人都知道实景是如此不同。你感受到周围的气氛，不再受相片的角度限制。你呼吸着当地的空气，聆听着它的各种声音，注意到在你身后的看不到的房屋是如何回响的。

——S.E. 拉斯姆森

第三章 旅游场及其特征与时空维度

一、旅游场的概念

（一）“场”概念的发展演变历程

今天，在人们日常生活中的“场”一字，已经被赋予了丰富的含义，并且表征着人类社会的重要现象，甚至已经获得了影响广泛而深远的理论意义。然而，在人类发展的历史长河中，早期有关“场”的概念仅闪现于古代先贤的思想智慧之中。在公元前 6 世纪，古希腊自然哲学家阿那克西米尼（Anaximenes）认为，气是万物之源，不同形式的物质是通过气体聚和散的过程产生的。后来，公元前 5 世纪的古希腊哲学家柏拉图（Plato）指出，宇宙是由水、火、土、气和另外一种元素组成，宇宙和天体即由这种最高元素构成。柏拉图的学生亚里士多德把这种元素称为“以太”（ether）。从此“以太”成了一个自然哲学的概念，具有弥散在整个空间、是一种连续介质、不存在绝对虚空等特点（李佳伟等，2015）。这一概念的提出，为此后人们认识自然界提供了唯物论的基础，也奠定了后来物理学在思考自然界的“场”现象时的哲学根据。

在我国，“场”的观念古已有之，中国文化中的“气”就体现了这一观念。在中国古代哲学中，“气”是有关物质世界构成的最基本的概念，它与金、木、水、火、土这五种有形物质不同，是一种无形的存在，是天地一切事物组成的基本元素，具有一种形而上的神秘力量。宇宙间的万物均是气的运行与变化的结果。传统中医理论体系也是如此，人体的各种生命活动均可以用“气”的运动变化来解释，它贯穿于中医的病因分析、治病原则、养生健体等各个环节。如今，国人常常将“气”和“场”结合在一起，用来描述一个人所具有的隐形能量。从中可以看出，在汉语的语境当中，构成一种现象的“场”的元素，离不开物质元素，也离不开该元素的动态变化，由此所形成的能量流，使现实世界与人密切相关的“场”表现出无休止地生成、变化、幻灭的景象，并就此成就了人类视野中的大千世界。

古人有关“场”的这些思想反映了人类对于世界的朴素认知，但学术领域将其抽象为科学概念并正式提出则发生在19世纪的物理学研究领域之中。英国物理学家法拉第最先提出了场概念，指出电和磁的周围都有场的存在，电磁力不仅存在于导体中，更延伸入导体附近的空间里。后来英国青年理论物理学家麦克斯韦接受了这种大胆的思想，利用19世纪20年代和30年代数学家在理论力学方面的研究，把法拉第的电磁场的直觉归纳为定量的数学方程式，最后建立了经典电磁学理论。

在该理论中，“场”包含如下几个构成部分：(1)“空间”不是物体或粒子所占据的虚空，而是一种具有动力学特性的延展；(2)场的所有部分都承载着某个物理量的价值分布，场是这个物理学的所有可能取值构成的整体；(3)场的所有部分的价值分布和动力学机制具有某种基本的连续性；(4)在场中没有孤立的部分，所有部分及其结构在动力学上相互依赖，某一部分结构的同一性依赖于所有其他部分，或者说依赖于整个场（Tiemersma，1987）。

物理学中的场论体现了将世界看作一个相互联系的整体的思想。后来，心理学家吸取了物理学中的场论思想并进而创立了格式塔心理学这一重要的理论流派。“格式塔”指的是事物整体上的形式和特征，强调经验和行为的整体性。作为西方现代心理学的主要流派之一，格式塔心理学家用“场”思想来说明知觉、心理活动、行为的整体性特征及其动力学机制，提出了心理场、物理场等心理学术语。

其中，考夫卡提出“心理物理场”“地理环境”“行为环境”等概念来说明心理、行为和环境的关系。他把行为作为心物场中的一个事件进行研究，认为心理学的任务是研究行为和心物场的因果关系，心物场含有自我和环境两极，两极的每一部分各有自身的结构。环境有地理环境和行为环境。地理环境是现实的环境，行为环境是地理环境经自我场的调节后意想中的环境。行为产生于行为环境，受行为环境的调节（库尔特·考夫卡，2010）。

勒温继承并发展了格式塔理论的整体原则和场论思想，他在整合先前学术思想的基础上，提出了心理场论。他将自己提出的“心理张力系统”概念与“生活空间”概念相结合形成心理场论，其基本主张是：任何一种行为，都产生于各种相互依存事实的整体，而且这些相互依存的事实具有一种动力场的特征（Lewin，1951）。勒温的心理场论中蕴含了现象学原则、整体论原则和动力学原则（刘宏宇，1998）。在他看来，人是一个复杂的能量系统，人的行为随着个体和环境这两个因素的变化而变化。不同个体对于同一环境可以产生不同的行为，同一个体对于不同环境也可以产生不同的行为，甚至同一个体在不同情况下，对于同一环境也可以产生不同的行为。行为是个体和环境的函数。但心理学中，还没有一个术语能够将个体和环境包含在一起，将二者描述为同一情境的两个组成部分。因为情境这个术语通常用来表示环境，所以勒温使用“心理生活空间”来陈述他的心理场论（库尔特·勒温，2011）。

现象学家梅洛—庞蒂从格式塔心理学家那里继承了知觉场、现象场、实践场等部分场论的术语，并将它们与胡塞尔的“视域”概念以及海德格尔的“在世界中存在”的概念相整合，从而将上述场论的术语现象学化或生存论化（刘胜利，2015）。梅洛—庞蒂在《知觉现象学》第四章中指出，感觉体验总是被意义占据，它也是与世界沟通的重要方式。世界不应被视为客观现实，而是一个对主体具有意义的现象场。现象场不是存在于主体之外供其观察的场，而是身体与世界在动态交互过程中构造的场，是存在意义的场。在他看来，应重新将空间放置在知觉的立场下来考察。这样，空间就不再是传统看法里的“客观空间”，而是新的“身体空间”。梅洛—庞蒂对身体的理解跨越了哲学史上身体和思维之间的鸿沟。身体和心灵不再是两个独立存在的实体，身体是一个能思维的生命体，“意识不再直接‘在场’，它隐退台后，必须与身体密切结合才有‘出场’机会”（杨大春，2003）。

以场的观念去认识世界这一学术努力也渗透到了人类学、人文地理学、表演学、经济学等众多学科。总体看来，无论在自然科学领域还是在人文社会科学领域，“场”都为人们理解世界提供了一条具有整体、关联、动态特征的新路径。在旅游研究领域，部分学者已经意识到了“场”对于理解旅游活动和旅游体验的重要作用，并运用“旅游场”的概念去分析旅游活动。

（二）“旅游场”概念的提出及相关研究

本章第二部分对西方旅游表演转向的发展脉络进行了梳理，并且发现，“场”的思想在西方旅游研究领域已逐渐显现出来，西方学者认同旅游涉及一个由人和非人构成的网络这一观点，并开始以旅游者为核心对旅游体验中不同要素的关联作用展开研究。尽管在相关概念体系的建构方面西方研究者表现出一贯的轻视，但瑞典学者 Giovanardi，Lucarelli 和 Decosta（2014）提出的“旅游表演场[①]”（performative field of tourism）概念却在这方面做出了突出贡献。作者在该章中指出，旅游表演场意味着各个表演者群体能够通过共同表演共同创造旅游地。旅

① 由于中英文差异，“表演”在此处不能简单理解为戏剧、舞蹈、杂技等艺术形式的演出。对于表演含义的讨论，请参考本章第二部分。

游地时常面临一种由世俗实践与行动交汇而来的表演的可能性。当用旅游场来研究旅游时，表演者的静态分类，如“旅游者”和“居民”就变成了动态的，伴随着不同的、新的相互关系。可以看出，Giovanardi 等提出的“旅游表演场”是对旅游空间的一种理解形式。这个空间并不等同于旅游地本身，是由于旅游者来到旅游地，人与非人因素相互作用而形成的“充满活力的旅游地”，是旅游者以及与旅游者相关的各因素创造出的空间。

反观国内旅游学界，早在 2001 年“旅游场”这一概念就已出现（王长生，2001）。但直至 2016 年年底，在“中国知网”文献库中输入关键词“旅游场”进行检索时，仅检索出相关文献 11 篇（见表 3-1）。这 11 篇文献大体可分为两大类别：一类是从动态角度分析旅游活动从而引出旅游场概念，王长生（2001）、章锦河（2002、2005）等均属于此类；另一类是在旅游体验概念框架下从旅游者个体层面提出旅游场概念，如龙江智（2005）、谢彦君（2005a，2005b）、姜海涛（2008、2013）、黄志远和张玉钧（2012）以及谢彦君和徐英（2016a，2016b）则属于此类。

第一类从宏观视角将旅游场理解为存在于客源地和目的地之间，或旅游主体、旅游媒体和旅游客体之间相互作用的力。王长生（2001）将旅游场定义为“由旅游活动形成的场，它是由开展旅游活动所必需的各种环境条件所组成的复合体。游客在旅游场中受到旅游力的作用后，从客源地位移到旅游目的地；旅游经营者在旅游场中受到旅游力的作用后，兴建各种旅游设施，开展各种旅游服务”。这一概念的提出打破了人们对于旅游系统的静态划分，将构成旅游系统的旅游主体、旅游媒体和旅游客体三者之间的相互作用的力，即“旅游活动得以展开的根本原因”补充进来。这类对于旅游场的理解迄今为止在“中国知网”中仅出现三篇文章，其中两篇文章的第一作者相同，可见其影响力极为有限。

第二类从体验视角提出了“旅游场”的概念，与第一类不同，这种类型的理解关注于旅游者个体体验，与旅游情境或旅游场景有着密切关联。但不同学者对旅游场的理解却存在着差别。

龙江智（2005）认为，旅游场是“异于日常生活环境和氛围，能够满足愉悦、寻求刺激、好奇、求知和审美等心理需要的体验剧场”。在他看来，“旅游场包含旅游地环境、旅游吸引物、服务设施、文化氛围、气候等所有影响旅游者体验的因素，但旅游地其他未能被旅游者五官所感知的因素却不在其列”。随后，作者在旅游场概念基础上给出了旅游的定义，认为“旅游是个人以旅游场为剧场，旨在满足各种心理欲求所进行的短暂休闲体验活动”。在这里，旅游场被理解为孤立于旅游者之外的客观存在。黄志远和张玉钧（2012）的文章延续了这一观点，将旅游景区与旅游场直接等同起来。

表 3–1　以“旅游场”为关键词在“中国知网”检索到的文献列表

文献题目	作者	来源	发表时间	文献类型
旅游场平衡研究	王长生	渝州大学学报（社会科学版）	2001/10/30	期刊论文
旅游区域空间竞争理论、方法与实证研究	章锦河	安徽师范大学	2002/5/1	硕士论文
从体验视角看旅游的本质及旅游学科体系的构建	龙江智	旅游学刊	2005/1/18	期刊论文
基于旅游场理论的区域旅游空间竞争研究	章锦河；张捷；刘泽华	地理科学	2005/4/28	期刊论文
旅游体验研究	谢彦君	东北财经大学	2005/5/1	博士论文
旅游体验的情境模型：旅游场	谢彦君	财经问题研究	2005/12/5	期刊论文
旅游场：旅游体验研究的新视角	姜海涛	桂林旅游高等专科学校学报	2008/6/15	期刊论文
旅游体验实证研究——以南京雨花台烈士陵园为例	黄志远；张玉钧	中南林业科技大学学报（社会科学版）	2012/4/15	期刊论文
旅游场视角下的旅游反常行为	姜海涛	社会科学家	2013/2/25	期刊论文

续表

文献题目	作者	来源	发表时间	文献类型
旅游场中的互动仪式：旅游体验情感能量的动力学分析	谢彦君；徐英	旅游科学	2016/2/29	期刊论文
旅游体验共睦态：一个情境机制的多维类属分析	谢彦君；徐英	经济管理	2016/8/15	期刊论文

真正系统地提出旅游场概念并对其进行深入解读的文献有两篇，一篇是题为“旅游体验研究”的博士论文，一篇是题为“旅游体验的情境模型：旅游场”的期刊文章，两篇文章皆由谢彦君所作（2005a，2005b）。作者将“旅游场”作为旅游体验概念框架下的一个重要概念予以解读，并从现象学、格式塔心理学的角度出发，通过对旅游行为的分析，构建出旅游场概念用以描述旅游行为的动力过程。旅游场在这里不再被理解为脱离旅游者而存在的客观事物或单纯的物理空间，而是一个由自我—行为环境—地理环境等进行动力交互作用的心物场。谢彦君认为，每一个使旅游者的心理场与外在的物理场相交融的时空框架，都构成了旅游场的物理寄托，而旅游场的主导性因素，是此时此地的心理场，它是作为一种综合的力量统辖着旅游者旅游体验的地理环境和行为环境，赋予其整体的色彩，指引以一定的方向，并因此使自己的行为与这个旅游场的特性保持协调（谢彦君，2005b）。在这两篇文献中，作者始终强调应从整体角度去考察旅游体验，而旅游场恰恰是一个可以对旅游情境进行综合描述的概念。“在千变万化的旅游者行为尤其是旅游体验行为当中，要想理解体验的本质，既不能像行为主义那样将这些旅游体验事实看作简单的刺激——反应模式或简单的因果关系，也不能用构造主义那把分析的刀子进入旅游体验的内部解剖要素性的事实并指望得到有关整体的认识。”（谢彦君，2005b）

为了深入解读旅游场概念，作者首先探讨了旅游情境的含义，将旅游情境划分为旅游氛围情境和旅游行为情境两种类型，并在此基础上引出旅游场概念。其中，旅游氛围情境对应着旅游世界，是一种概念性情境，它的格调主要是由旅游需要所形成的一种心理赋彩功能所厘定的，就像空气里的味道、海水里的盐分一样为这个世界涂抹上主观性的色彩。而旅游行为情境则对应着旅游场，是一种具体的操作性的情境，其情境层次在旅游氛围情境之下，缺乏总体的计划性，具有更加明显的不可预期性。作者对旅游场是这样界定的：

“旅游场就是串联在旅游过程中的各级、各类节点，以其对具体旅游行为的规定和引导作用而构成了旅游行为情境。旅游行为情境的特征，取决于旅游线路上各旅游目的地及其景观的自然、文化特征，这些特征虽然要依靠旅游者进行主观的识别和意识的融入，但基本上取决于客观的存在，而不是像旅游氛围情境那样主要是旅游者需要的主观映照或反射。”

在谢彦君的旅游场概念基础上，姜海涛（2008，2013）对旅游场这一范畴做出调整。他将旅游场定义为“当个体进行旅游体验时，期望场便与不同情境场进行交互，形成了不同的张力因素，这些因素相互作用，从而在更高层次上形成了一个新的状态，即旅游场”。这一定义从旅游体验所涉及的局部内容去界定旅游场，仅意识到期望场与具体情境的交互，而未能涵盖旅游体验所涉及的全部内容。

总体来看，在体验框架下构建旅游场概念这种做法体现了将旅游体验提升到现象层面去研究的思想，克服了“将旅游体验的整体敲打成了碎片”的弊端（谢彦君，2005c），旅游体验研究也因这一新范畴的提出而走向深入。但对于旅游场的思考从根本上并未摆脱心理学研究的困境，跳出身心二分法的思维模式，旅游者的身体（对应着旅游行为情境）和心灵（对着旅游氛围情境）仍被视为二元实体。

这种思维模式源自笛卡尔的身心二元论。17 世纪，法国哲学家笛卡尔通过“我思故我在”论证了身体与灵魂二元实体的存在。心的本质是能思维，但没有广延；身的本质是有广延，但却不能思维，分属两个世界。身心二元论对后世的思维方式产生了重大影响，传统心理学就构筑在身心二元论的基础之上。然而，“传统心理学的最大错误就在于把灵魂视为一种绝对精神的东西……同世界中的具体事物没有关系……”（James，1898/2009）。

传统心理学家将身体视为客观对象，但当其观察自己的身体时，却无法像观察外部对象那样进行观察。其无法脱离自己的身体去观察身体，这是身体异于对象的第一个特征。身体异于对象的第二个特征是身体既可以成为感觉对象，又可以成为感觉主体。身体异于对象的第三个特征是主体和身体之间具有直接感受性或相互内在性，不像外部对象那样要通过中介身体才能对外部事物产生感觉。身体异于对象的第四个特征是身体运动具有能动性，可以自行运动，而对象只能被动运动。这些特征对客观身体概念提出了挑战。

因此，传统心理学面临的选择是：或者放弃客观身体概念，或者保留客观身体作为基本模型，但对其作出适当修改，并引入新的思想要素来解释上述身体经验的新特征。传统心理学从自然态度出发，选择了后一种思路来建立自己的身体模型。但是，在梅洛—庞蒂看来，传统心理学的修改并不成功，新的身体模型只是推演了问题而并未解决问题，要想从根本上解决问题，需要将客观身体引向现象身体（刘胜利，2015）。

梅洛—庞蒂在《知觉现象学》中实现了对身体和空间观念的变革。他将显现在本已知觉经验中的身体称为“现象身体”。这个现象身体是心灵和躯体的结合，它既不是自在的“广延实体”，又不是自为的“思维实体”；既不是一个纯粹被动的经验主体，也不是一个纯粹主动的先验主体；而是介于二者之间的第三类存在。现象身体概念的确立第一次在空间哲学史上开启了理解空间的第三条道路的理论可能性。与现象身体相关的现象空间，既不是客观空间，也不是主观空间，而是情境化的空间，始终关联着具体的空间经验，关联着某个具体情境，从而始终蕴含着一个“被体验”的实践维度（刘胜利，2015）。作为西方旅游表演转向的重要理论基础之一，梅洛—庞蒂的具身思想所涉及的现象身体和现象空间的概念为我们理解身体和空间提供了一条全新的路径，也为我们理解旅游场提供了理论基础。

（三）旅游场概念重构

在对旅游场概念进行重构之前，我们首先需要明晰关于旅游场的几个问题。

首先，旅游场的存在源于旅游者的具身体验。旅游场是与旅游者身体相关联的，没有旅游者身体就没有旅游场。它是旅游者身体与旅游空间处于交互构造过程中生成的，这里的身体是与心灵一体的现象身体。我们不能把旅游场理解为心物场。因为在心物场中，身体和心灵并没有真正意义地结合在一起，身体仍是以客观身体的形态出现的。但心灵与身体是不可分的，思维和情感等仅仅是有机体与环境互动中的一系列身体活动的体验。“身体的方方面面，如神经系统的物理属性、大脑和身体的结构、感觉运动系统的图式、感官的构造、环境对身体的刺激、神经递质的传递等无时无刻不在塑造着认知和心智，使得身心成为紧密交融的一体。”（叶浩生，2011）

其次，旅游场既不是客观存在的空间，也不是主观存在的空间。旅游场不是客观存在的空间，它不能等同于旅游地或景区景点。就旅游者而言，在旅游者离开常住地之前，旅游场是不存在的，旅游场因旅游体验而存在，依存于旅游途中遇到的空间。对于旅游地或景区景点而言，它们为旅游场的形成提供了物质条件，但本身并不是旅游场，只有旅游者出现，它们才有可能变得鲜活起来。旅游场也不是主观存在的空间，并非由旅游者主观臆造而成，它是建立在旅游者所处物质空间的基础之上，否则旅游者也没有必要前往异地去获得体验了。

最后，旅游场并非同质的、静止的，而是一个连续的、随情境不断发生变化的现象空间。它是一个始终处在构造过程或诞生过程中开放的、动态的有机整体，随着时间流动和情境变化始终在不断地分解与重构。旅游者身体对于不同情境的把握方式以及身体运动的各种可能性时刻影响着旅游场的动态结构。其结构总是随着情境变化而不断调整与重新分配，从而呈现为一个动态自组织的场。

当我们秉持上述观点去理解旅游场时，便会发现，旅游场既是旅游者体验的结果，也是旅游者体验的原因。旅游者通过身体体验旅游地，身体与空间的相遇生成旅游场；反过来旅游场的动态变化会作用于旅游者身体，使旅游者获得新的体验并使自身得以重构。另外，旅游场并不必然依存于某一景区景点，尽管那些让旅游者印象深刻的场强较大的旅游场往往都依存于特定景区或景点，但旅游场存在于身体与空间相遇的整个过程，过程中的每个片段都可能具有较大的场强。

综上所述，本研究在以往学界（谢彦君，2005c）提出的关于旅游场的概念的基础上，遵循现象学原则，结合一些以情境主义思想为主导的微观社会心理学理论，并借助于表演的视角，对旅游场现象予以重新审视，给出一个有关旅游场的新定义：旅游场是旅游者以具身表演的方式建构而成的情境化现象空间。这一定义的内涵，可以进一步从旅游场的特征上予以展现。

二、旅游场的特征

从上文的讨论中我们可以看到，旅游场的最基本特征显然是它的具身性。作为一个现象空间，旅游场是与旅游者活生生的身体相关联的。旅游者身体在场是形成旅游场的前提条件，旅游者身体与旅游地空间的交互构造形成旅游场。从具身性出发，我们深入探讨一下旅游场所具有的基本特征。

（一）以身体为中心

在旅游场中，旅游者身体是感知的中心和坐标原点，这是旅游场的一个重要特征。旅游者始终处于旅游场的中心，周围的空间会随着其身体模式的改变而改变。“空间被人类根据自己的身体结构区分为前后轴和左右轴。垂直—水平、上下、前后、左右是人们推断的身体在空间中的位置和坐标。”（段义孚，2017）当人类移动和转身时，周围的前后左右的区域都会随之移动和转向。“空间顺从于身体主体的探索活动。当身体处在不同的现象位置或视点，空间结构总会呈现出不同的结构与面貌。”（刘胜利，2015）这样，随着旅游者身体的感知和移动，旅游场处于构造的过程中并不断向外延伸。下面两则游记的片段呈现出旅游者如何以身体为中心去感知空间：

坐在车里，感觉是在穿越一条长长的时空隧道，四周只有被车灯照出的雪白，更加让我们感受到通向未来的神秘感，想把手伸出车窗去触摸这一道时空隧道的墙壁，感受它的魔幻，但是真的摸到了之后，却是充满了真实的喜悦，我们真的在穿梭时空，这不是做梦。[①]

落日时分，迎来了人生中第一次夜潜。带着几分雀跃、期待和小紧张，带着小手电，开启新的征途。当光照亮前进的路途，当你看见夜晚宁静的海底，色彩斑斓的世界，那种美好，不禁让人赞叹大自然的鬼斧神工。当你把灯光按在BCD上，让眼睛适应黑暗，听着水下均匀的呼吸声，伸手到眼前，晃动，那飘动着的荧光色的浮游生物，星星点点如同萤火虫围绕在你眼前，此刻的浪漫，无以复加，只能赞叹和感恩大自然的神奇和美好。[②]

身体作为旅游场的中心虽然归属于旅游者个体，但身体的感知和移动方式却嵌入在一个更广阔的生物、心理和文化背景之中（何静，2013）。这一点能够解释为何同游者在分享旅游照片时会发现彼此看到的世界如此大相径庭。正如段义孚所言：

事实上存在比我们选择性关注的那些元素多得多的东西可以去体验。文化在很大程度上主导了我们意识的焦点和范围（段义孚，2017）。

① 王鹤.我们不是荒野猎人，却也被喀纳斯的冰雪彻身净化了一把！.马蜂窝,http://www.mafengwo.cn/i/6330386.html.

② 戴戴爱吃肉.恋上潜水，爱上PG（PUERTO GALERA）.马蜂窝,http://www.mafengwo.cn/i/5408013.html.

（二）身体关联性

在旅游场中，旅游者通过身体与周遭事物建立关联，形成对旅游场的认知并赋予其意义。旅游场中所包含的事物都是与旅游者身体相关联的事物，是“在一个主观显现之流中构成”（刘胜利，2015）。事物是在身体对它的把握中构成的。它首先“不是一种知性意义，是身体的关联物”（刘胜利，2015）。这里的身体不是客观身体，也不是具有纯粹理智意识的身体，而是一个活生生的现象身体。旅游者来到旅游地，首先用身体凭借感官和生活经验与旅游地建立关联，而不是去了解建筑、街道、桥的尺度、高宽关系和比例。

见到 Bunaken，在熟悉的同时仍旧感叹着她的美丽，感觉她唤醒了我浑身的感官，我忍不住如饥似渴地享受着纯净的空气、湛蓝的天空、宽广的大海和温和的海风。[①]

但是，对于去 Bunaken 旅游的其他游客而言，Bunaken 可能会呈现出不同的面貌，甚至对于“孙岛主”而言，当她再次前往 Bunaken 时，所呈现出来的与初次相遇时的也不尽相同。梅洛—庞蒂把身体比作艺术作品，用以说明身体非客观性这一现象。艺术作品和科学对象不同，它依靠感性基础来传递意义。同一幅画，悬挂在博物馆里和摆放在地摊上会展现出不同的观赏效果，心情愉悦和心情沮丧的情境下也会呈现出不同的意义。总之，身体“是由各种活生生的意义所构成的一个扭结，而不是特定数量的共变项所服从的一个规律”（梅洛—庞蒂，2001）。

旅游者的身体不仅仅是具有多种感官的身体，同时也是有思想、想象力和情感的身体，这意味着旅游者可以通过感知、联想、想象等方式与旅游地建立关联，并且在旅游场中所体验到的内容可能会超越当下的时空，而进入到一个更为广阔的时空当中。阿兰·德波顿（2004）对旅行的反思就说明了这一点：

旅行能催人思索。很少有地方比行进中的飞机、轮船和火车上更容

① 孙岛主．“面包旅行”网站游记．http://web.breadtrip.com/trips/2387277490/.

易让人倾听到内心的声音。我们眼前的景观同我们脑子里可能产生的想法之间存在着某种奇妙的关联：宏阔的思考常常需要有壮阔的景观，而新的观点往往也产生于陌生的所在。在流动景观的刺激下，那些原本容易停顿的内心求索可以不断深进。

（三）多感官性

在以旅游者身体为中心的旅游场中，旅游者借助具有多种感官的身体来把握世界。身体会调用视觉、听觉、嗅觉、味觉、触觉、热觉、冷觉等感觉来与世界建立关联，“几乎在所有情况下，不同感官都是相互关联从而产生一个由分布在时空中的人和物组成的被感知的环境”（Urry，2011），而不是仅仅通过视觉去把握世界。厄里（2011）在《旅游凝视 3.0》中反思了视觉的作用，他认为：

尽管视觉并不是唯一的感官，但它是起到组织作用的感官。它将地方、角色和其他感觉效果组织起来。非同寻常的视觉感受将这些放置在一个与众不同的框架内（Rodaway，1994）。视觉的独特性对于赋予所有实践活动和表演以特殊或独特性质是至关重要的：沙滩旁的棕榈树、有吸引力的餐馆、主题度假区、带风景的客房、热带小岛景观、带有异域风情的植物的颜色等。当处在一个吸引人的或非惯常的背景中，即便最平常的活动，比如购物、闲逛、喝饮料、游泳或河上漂流都会显得非同寻常并变成“旅游化的”。

对旅游者来说，各种感官以一种场的形式与外物相互作用，它们相互结合、相互蕴含。并且，视觉与听觉、触觉、味觉、嗅觉在更深的层次上联系着。也就是说，“视觉、听觉、触觉、味觉等感官都有着自己相对独立运作的感觉场或现象场，都有各自不同的‘感觉’逻辑”，但是，“不同感官之间并非相互隔绝，而是存在着内部的沟通交流、相互的等价替换”（刘胜利，2015）。感官的这一现象被称为联觉，也叫通感，即某个感官接收到具有另一感官特征的暗示，如由声音而引起光和色彩的感觉或由光和色彩而引起的声音的感觉。联觉现象表明旅游者所获得的体验并非各感官刺激的集合，而是身体通过其感官接受各种感觉侧显的集合。

（四）连续性存在与非连续性记忆呈现

既然旅游场是在身体与外部世界交互过程中得以构造的，那么旅游者身体对于不同情境的把握方式以及身体运动的各种可能性，每时每刻都在影响着旅游场的动态结构。场所感知本身是一种持续连贯的现象，场所体验随着人们的移动永远处于一种流动的状态。如果体验是连续的，那么旅游场就不是片段的、支离的，而是一种连续性的存在。

在这里，有一个现象值得关注，那就是尽管旅游场是连续的，但由于旅游者对旅游场的记忆往往呈现为非连续状态，因此人们倾向于把他理解为非连续的、片段化的。就像旅游者"oAmy_Lio"在游记中所描述的那样，那些"记忆碎片"就是旅游者存储的旅游场的片段：

在高雄的西子湾追逐夕阳余光、在垦丁遇暴雨迎风骑行、在花莲与热心的居民打趣聊天、在台北暴走在霓虹灯下喧嚣的街道中～当有人问起旅行的意义何在时，你也许笑着不用回答～那些值得回味的记忆碎片，便会像幻灯片放映似的，从脑海中一帧一帧地回闪而过。[①]

欧阳应霁（2011）在《寻常放荡——我的回忆在旅行》中也描述了有关旅游场的类似记忆：

旅行，其实是一种回忆。

……

因为旅行当中一分一秒实实在在，不尽是历奇也未必是享受——在回家之后再之后的某年某时刻，忽然脑海快速搜索，将旅行中的人事闷场都自动删减去，留下的都是良辰美景，走过的、看过的、吃过的、睡过的，反反复复在回忆中自添分数，记性不太好的我，更常常把坏事变好事，难怪大家认定我乐观。

① oAmy_Lio. 我在这里狂欢，是献给青春的毕业祭 . 马蜂窝，http://www.mafengwo.cn/i/5384102.html.

Kim 和 Fesenmaier（2014）在一项针对旅游者情绪变化的研究中则明确指出：

……更重要的是，该研究证实了旅游体验是连续的，同时也是非连续的。正如 Gibson（1986）所陈述的，物质世界由许多彼此重叠的区域构成，其中人们以非连续的但却是某种动态的、互动的方式去感知这个世界。也就是说，尽管旅游者仅仅能够回忆起整个旅行中的某些事件（例如游览壁画、乘坐旅游大巴等），他们的身体和感官体验是连续的（Dubé & Morgan，1998）。进一步而言，认知心理学的近期研究支持这一观点，认为尽管体验是由连续的活动流构成的，但旅游者将体验视为相当多的非连续事件，这些事件“被观察者设想成具有开头和结尾”（Zacks & Tversky，2001，p.17）。基于对体验的这种认识，我们主张，识别出整个旅行体验中的非连续“事件”会让我们更好地理解旅游者如何以一系列“行动”或“场景”来解构或代表旅行的各个方面。

Kim 和 Fesenmaier 将体验理解为具有连续和非连续双重性质，但仔细思考就会发现，这种说法将体验本身和对体验的记忆相互混淆在一起。而事实上，二者是存在差别的。当旅游者对旅游过程进行回顾的时候，那便不再是在场体验，而是对体验的再现，或者说是对旅游场的再现。这种再现将旅游场缩减为一系列画面的线性组合，但却不能代表旅游场本身。而旅游场以一系列非连续事件的面貌出现则说明旅游场是存在强度变化的，那些场强较弱的“人事闷场”会被记忆删减，而那些场强较大的片段会留存在记忆里，其中发生的事件和体验到的感受往往成为人们聊天叙旧的素材，抑或深深埋进身体里等待某一时刻被重新激活。

总之，旅游场不是静止固定的，它在一个连续性流动过程中随着时间流逝不断变化、发展和演变的。但旅游者对旅游场的记忆却呈现出非连续性特征，记忆截取了旅游场中场强较大的片段留存下来。正是由于这个原因，在本研究中我们将旅游场视为一个由多个场片段按时序串联而成的动态变化过程。这些片段本身并不是静止的，也是一个连续运动的过程，但每个场片段具有较为明确的时空边界和特征或围绕某一主题展开，旅游者能够将其与其他场片段区分开来。

三、旅游场的时空维度

人类时空观念的进化经历了一个从静态时空观、时间和空间相互割裂观到时空互化的内在统一观，以及分维、多维时空观的变化，这一变化集中体现着人类时空观从简单性到复杂性的发展历程（邬焜，2005）。

旅游场是在旅游者空间移动过程中产生的，其中时间散落在空间中，空间则需要通过时间来解读。与此同时，旅游场不仅蕴含着旅游目的地在空间及时间上的历史积淀，还蕴含着旅游者生命中经历的时间与空间；既涉及客观时空，又涉及体验时空，其时空结构复杂多变，层级之间也相互缠绕。因此，对旅游场的时空特征进行解析，是我们认识它的必经之路。本研究尝试从三个空间层面以及两个时间层面去解析旅游场的时空特征。

（一）旅游场的三维空间分析

在观察旅游体验现象并借鉴社会学、地理学、建筑学已有成果的基础上，笔者提出旅游场在空间维度上具有物质空间、身体空间和关系空间三个层面，可以通过这样一种空间划分方式去分析旅游场的动态变化过程并对其进行分类，进而了解旅游者如何与旅游目的地进行交互从而获得体验（图 3–1）。

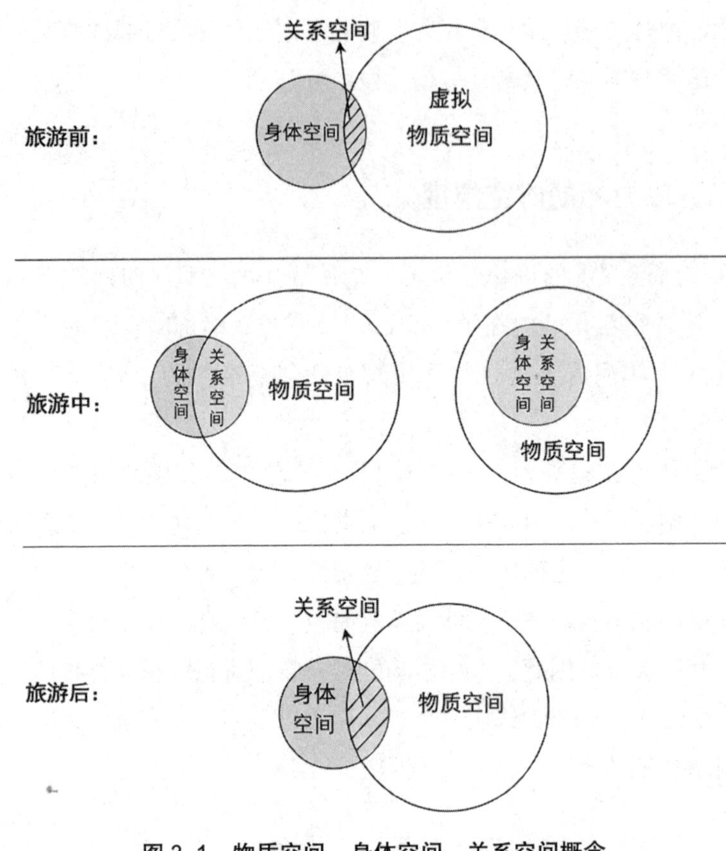

图 3-1　物质空间、身体空间、关系空间概念

1. 物质空间

物质空间是旅游过程中旅游者置身其中却独立于旅游者而存在的空间。它为旅游者提供了容身之处，通常也是吸引旅游者前来游览的原因所在。没有物质空间，旅游者的具身体验无法实现，旅游者的身份也不会出现。物质空间并不仅仅涉及地理空间，在其所包含的“物”中，人是重要的构成部分。对旅游者而言，当地居民、旅游服务人员、其他游客都是物质空间的不可或缺的内容。这些物和人为旅游者与家园之外的世界相遇提供了无数可能（图 3-2）。在物质空间中，旅游者往往会表现出超乎寻常的敏感：

去往黑石礁的路上，基本路过了大连所有有名的建筑（一部分在观光车上已经由导游介绍过），还有大连物化所，多么熟悉的名字啊，终于得以目睹那块金字招牌了。终点站黑石礁比起其他热闹的景区，略显冷清。除了空气中弥漫着的浓浓的海腥味以外，开阔的视野、自然博物馆独特的建筑风格和凌乱错落的礁石都可以轻易地让人产生好感。还有好多好多的本地居民，牵着好多好多的狗狗饭后散步，多么和谐的画面啊。①

这个物质空间包含着道路、建筑、观光车、礁石、气味、本地居民等要素，但这只是被旅游者感知的那部分物质空间，也许就在那位昵称为 shuihl 的游客经过的地方，太阳渐渐收起了光芒落到了天边，有轨电车缓缓驶向黑石礁站，情侣们牵着手走进星海公园，海鸥鸣叫着飞旋在海面上……这些也许旅游者都没有注意到，但却是物质空间中的一部分。旅游者只能与物质空间中的部分构成相遇。

物质空间的品质直接影响到旅游场的强度，这也是各地在旅游发展中关注物质空间建设的原因。那些品质较高，对旅游者吸引力较大的物质空间通常被称作旅游天堂。从一篇题为《旅行者的十大天堂度假胜地》②的网络文章中，我们可以了解到具有强大吸引力的物质空间有着怎样的面貌。在这篇文章中，德国的加尔米施－帕滕基兴、西藏的吉隆沟、挪威的雷讷、苏格兰北部的 Farers

图 3–2　物质空间为旅游相遇提供了无限可能

① shuihl. 大连——一半是浪漫，一半是灿烂 . 马蜂窝 , http://www.mafengwo.cn/i/1086919.html.

② http://www.maigoo.com/top/401136.html.

ilands、法国的科尔马、斯洛文尼亚的布莱德湖、意大利的 Manarola 小镇、英国的拜伯里、法国的 Ancy、土耳其（地下城）被指定为旅行者的十大天堂度假胜地。以其中的布莱德湖为例，文中是这样描写的：

布莱德湖是斯洛文尼亚最著名的湖泊。这是一个长 2.1 千米、宽 1 千米的小湖，湖畔密林浓翠，悬崖下明镜般的湖面以及湖中阿尔卑斯山雪白的倒影，构成梦幻般的冰玉奇镜，故人们称布莱德湖为“山上的眼睛”。

除了文字之外，作者还展示了一张布莱德湖的照片。虽然读者未能亲临该地，但借助静态的照片，也会感受到这个空间能够给人们带来的愉悦感。

但我们还应该注意到，无论物质空间的品质有多高，若旅游者无心感受或无法感受的话，也就是说，若旅游者难以与物质空间建立深刻关联的话，再好的地方也是“死气沉沉”的地方。旅游者“海蓝蓝”以“风景很好，我却无心欣赏 ~~~”为题描述了他（她）的旅游体验：

这里的人，把大气伟岸的椰子树称作哥哥。哥哥总是站在海边站岗放哨，张开双臂抵挡阵阵狂风；那个妹妹，非纤细苗条的槟榔树莫属。妹妹总是习惯藏在小屋后低头细语，羞答答的模样总让人心生怜意。

哥哥与妹妹，从来都是海岛不可或缺的美景，也是热带海滨城市的灵魂。我总是在想，如果缺少了这对兄妹，还会有多少人对这里趋之若鹜？

曾经无数次沉醉在这样的美景之中。

如今，海，依然宽广蔚蓝，哥与妹依然深情相守。

只是，我已经心生疮痍，无法体验这里所有的美丽。

从来没有想过，自己会被自己的投资失误弄得这般伤痕累累。

我，不知道如何走出此时的低落？①

这位游客虽然置身于美景之中，但却在另一个世界里徘徊，而与周

① 海蓝蓝 . 豆瓣网，https://www.douban.com/note/535395305/.

遭的物质空间只能进行有限的交互。因此，对于旅游场而言，虽然物质空间为旅游者具身体验提供了基本条件，但其构成部分是否会对旅游者产生作用，以及作用的方向和强度，还要取决于旅游者的身体空间。

2. 身体空间

身体存在于空间，占据着空间。身体空间是人们感知所涵盖的空间，既包含旅游者身体本身占据的空间，又包含旅游者感知所能达到的空间范围。

首先，旅游者的身体本身是空间构成的一部分。身体的外在呈现被社会学家戈夫曼视为社会舞台的一个构成部分，它会依据观众是否在场而在前台和后台两种状态间进行切换。在旅游世界中，旅游者身体的外在呈现也会随着物质空间的变化而变化。一方面，旅游者身体空间的面貌不可避免地会带有客源地文化的烙印，我们的穿戴打扮、举手投足都能够反映出身体空间的特质（图 3–3）。例如，在一个各国旅游团聚集的景点里，借助于生活经验，我们基本能够准确地对日本团、韩国团和中国团进行区分。虽然他们都是亚洲人，有着黄色的皮肤，黑色的头发，但在身材相貌、穿戴打扮和行为举止上还是存在明显差别的。另一方面，旅游者的身体空间又会表现出竭力摆脱习惯并与目的地物质空间相融合的一种趋向。旅游世界中，“我注意到叶尖的那滴水珠，蹲下来靠近一看，让我惊喜不已！从来没有透过水滴去欣赏绿叶，真是别有一番天地！绿叶以微缩的形式呈现在圆润的水滴中，就像一个神奇的水晶球。”（受访者：MM）在这个例子中，旅游者没有像往常那样一走而过，而是通过

图 3–3　游客身穿中世纪服装在城堡内游览

图 3–4　水滴让人们以另外一种方式看世界

改变身体位置（蹲下来，靠近）使视域发生改变，从而获得了不同以往的空间体验（如图 3–4）。此外，服装配饰作为身体空间的重要构成，不能忽视其在与物质空间进行交互过程中发挥的重要作用。正如一位赏花踏青的游客所言，“当穿上汉服后有一种说不出的奇妙，形式上的东西发生变化后，一切都会变得有些不同”①。

其次，身体空间并不局限于有形身体的范围。借助于不同的感官，身体对外界的感知会突破身体的物理界限而延伸至更宽广的空间。拉斯姆森（2003）在他的《建筑体验》一书中描述了从二维相片到真实空间，身体对空间的感知会存在怎样的差别。

现在你本人处在相片中。这意味着你不仅看见正好在你面前的房屋，而且同时虽然没有真的看到但已感知到两边的房屋，并且还记住已经经过的那些房屋。任何一个起先从相片上见过这个地方而后又去访问的人都知道实景是如此不同。

你感受到周围的气氛，不再受相片的角度限制。你呼吸着当地的空气，聆听着它的各种声音，注意到在你身后的看不到的房屋是如何回响的（S.E. 拉斯姆森，2003）。

当置身于真实空间，我们对空间的感知就不会被视觉所束缚。在看不到的地方，我们可以通过声音的回响去感受空间。类似的，我们“还未见飞瀑的真面目就已闻其声，犹如咆哮一般，光从声音就能听得出它

① 旅游新时尚 古装控穿汉服赏花踏青 . http://travel.sina.com.cn/china/2014-03-27/1424255029.shtml.

的气势之大。”[①]

这里还有一个现象值得一提，就是有形身体空间会因工具和机器而得以扩大。梅洛—庞蒂曾经对这个问题进行过探讨。他以汽车为例，认为汽车成为司机身体的延伸，如同身体外又长了一层躯壳。因为开车的时候，人们会忽视身体和汽车的接触，而更关注汽车和外部事物的接触。同样，背包、手杖、自行车、相机等工具和机器使旅游者的身体空间得以扩大，并改变了人们的空间体验（如图 3–5）。Walsh 和 Tucker（2009）在针对背包客具身表演所进行的研究中，指出了背包的作用：

背包使得背包客的具身表演能够实现或无法实现。他们的行李位于身体的核心部位。某些类型的行动因背包而成为可能，但其他类型的行动就受到了限制；这些实物构成了一条界线，一条在旅行自由和身体束缚之间不断协商的界线。当背包客背上背包时，你会看到他们为控制身体而在姿势和仪态上都产生了明显的改变。

最后，在理解身体空间时，我们将身体视为有情感、有思考力、有想象力的身体。这样的身体具有部分游离于物质空间之外的可能性，而是否游离则取决于旅游体验的阶段以及身体空间在物质空间内的沉浸程度。

图 3–5　相机扩展了旅游者身体空间的范围

在走出家门之前，身体空间通常早已与物质空间建立了某种关联。但这里的物质空间并非真实物质空间，而是被再现出来的物质空间，是虚拟的物质空间。通过照片、文章、影像、网络、聊天等方式，旅游者在尚未出游

① 小肥颖儿 . 探秘梦幻龙宫，寻鲜贵阳美食 .“蝉游记”网站游记，http://chanyouji.com/trips/536403.

时就对目的地形成了一定程度的感知。“身未动，心已远”描述的就是这样的情况。阿乐在她的手绘旅行日记《13天云南悠游记》中描述了她对西双版纳曾有过的憧憬：

记得以前看过一本名叫《我的家在西双版纳》的图画书，里面讲述的是在西双版纳出生并长大的作者的很多儿时回忆，特别有趣。

当时就对这个地方充满了好奇，更是期盼有一天能来到这里：“住在热带雨林中的小木屋，每天打开窗子，外面就有大象在悠闲地散步。那样的生活一定超级好玩儿吧！”我这般想着，而它也几乎成了我当时对未来的全部憧憬。

现如今真的来到了这里——处处绿意，四季都鸟语花香的美丽地方。

“和想象中差不多呢”，我不禁笑了。

这段描述让我们看到身体空间与物质空间在出游前就建立起关联而部分重合在一起。但由于此时旅游者与旅游地之间还存在一定的物理距离，因此身体空间与目的地物质空间的交叠相对较少。

在旅游过程中，旅游者置身于旅游地物质空间之中，身体空间与物质空间的交叠部分比出游前明显增多。当身体完全沉浸于物质空间中，不再与其他时空建立关联，仅关注于此时此地，那么身体空间将完全处于物质空间之内。而当身体不能专注于当下而与其他时空建立关联时，部分身体空间将游离出物质空间。这种部分游离的状态可细分为正向游离和负向游离两种状态。

正向游离状态中，旅游者与旅游地建立关联，并因此产生联想、想象，从而使身体空间部分游离于物质空间之外，但这种游离是在保持关联的前提下产生的，貌似游离，实则促使旅游者与旅游地之间的关联走向深入。

另外一种状态是负向游离，旅游者关闭了身体与旅游地建立关联的通道。旅游者虽身处旅游地，却仿佛置身于旅游地之外，不愿与其产生关联。上文提到的旅游者“海蓝蓝”以及下面由旅游者“5xf2bd”描述的经历都属于这种情况：

此次去希腊的主要目的是去圣托里尼岛，所以对其他地方没有过多的期待。雅典的卫城曾经在我的某些意识状态出现过，但是到现场感受并没有那么震撼，也许是经历了27小时飞行，一落地就去卫城太过疲惫，无心感受。柯林斯运河说是世界第三大运河，但是因为前一天乘了8小时船，回到酒店已经快半夜1点，冲凉睡觉都2点了，第二天一早6点半起床，7点半出发去运河，乘了1小时车到达运河，只有疲惫困倦，完全和运河没接上信号，什么感受都没有。宪法广场的换岗仪式仿佛一幕慢动作滑稽表演，我只是一个不投入的观众，没有兴奋和感兴趣的情绪，甚至没有去排队和士兵合影。可以说，在雅典的时光，都属于游离状态，仿佛不曾去过。①

在《旅行的艺术》中，阿兰·德波顿曾描述过他在旅游过程中的这种游离状态：

在一次旅行中，火车行进在平坦的原野上，我的思绪差不多完全放松下来。我想到了父亲的死，想到了我正在写作的关于司汤达的论文，还想起了两个朋友间的猜忌（阿兰·德波顿，2004，P58）。

在旅游过程中，完全沉浸和部分游离的状态此起彼伏，并非相互排斥，它们只是身体空间与物质空间建立关联过程中所产生的不同的体验状态。

而在旅游者离开目的地回到家之后，身体空间与物质空间之间的交叠会因旅游经历而与出游前的交叠区域大不相同。出游前的交叠来自各种媒介以及旅游者的想象，而出游后的交叠很大一部分来自身体的记忆。

3. 关系空间

关系空间是旅游者与旅游地物质空间相互关联而形成的关系网络。

① 5xf2bd. 穿着婚纱在圣托里尼奔跑 . 马蜂窝，http://www.mafengwo.cn/i/1284904.html.

旅游场本质上强调的是旅游者与旅游地的对话关系，也就是旅游者的身体与旅游地的物质空间建立起某种关联。这些关联的建立与国籍、种族、历史、地理、教育以及各自的生活经历与体验相关。不同旅游者身处同样的物质空间，会形成不同的身体空间，抑或同一旅游者多次进入同样的物质空间，也会形成不同的身体空间，归根结底是由于身体与物质空间所建立起的关联存在差异。正如拉斯姆森在《建筑体验》（2003）中所写：

一幅画是否令观者产生印象，以及产生什么印象不仅取决于艺术品，而且在很大程度上取决于观者的悟性、他的精神、教育以及整个环境，还在于观者当时所处的心境。同一幅画在不同时间对我们会产生不同的效果。所以，再度欣赏一下过去曾经见过的一件艺术品，看看我们是否仍然与过去一样受到感动，这常常是令人兴奋的事（S.E. 拉斯姆森，2003，P26）。

关系空间给出了旅游者如何体验物质空间的线索，也显示出物质空间中不同要素的存在意义。但旅游者感知外物绝非外物单纯刺激的结果，就像阿兰·德波顿感受到的那样："天空的状态和我们所居住的建筑物的外表决不能凭它们自身的力量保证让我们畅享快乐，或倍感凄然。"（阿兰·德波顿，2004，P25）而是旅游者以一种更为积极的投射状态去感知外物而与外物建立起某种关联。拉斯姆森也注意到这一点：

就观察者而言，看，需要一定的能动性。被动地让一幅画本身在眼睛的视网膜上成像不足以构成"看"。视网膜像电影屏幕，连续变化的画面在它上面显现着，但是眼睛后面的心灵只意识到其中的少数画面（S.E. 拉斯姆森，2003，P25）。

只有当旅游者与旅游地进行对话，并与旅游地的物质空间建立起关联时，这个物质空间对旅游者个体而言才具有意义。关系空间中存在着形式多样的关系，体现了旅游者与旅游地进行对话的不同方式。这种人—地关系是关系空间中最根本的关系，其中包含着人与人、人与物、人与事件、人与时间、人与自然、人与社会等若干关系。它们不仅存在于微观层面，还存在于宏观层面；不仅体现在个体层面，还体现在集体层面。

从下面的文字中我们了解到，对于舟舟而言，乌镇的红灯笼、雕花木椅、青砖、稻土、定胜糕并不是陌生而遥远的事物，它们是作者日常生活中熟识的一部分。舟舟正是通过这些熟悉的、琐碎细微的事物与乌镇建立关联，从而使乌镇对于舟舟而言具有了一种亲切感：

来到乌镇，我常自问，为何这里的景色，哪怕一盏普通的红灯笼、一张普通的雕花木椅，在我的眼中都带着熟悉的味道？一块青砖、一杯稻土、一块定胜糕，仿佛都饱含着一段陈年的往事。我是来看风景的吗？还是自己本来就是这风景中的景？（舟舟，2014，P61）

一位职业旅行者小鹏所讲述的经历让我们了解到他是如何通过反思与旅游地建立关系，从而获得更具深度的体验的：

在古城内的游览结束后，我一个人沿着山路走到太阳门。看到许多旅行者正在门边小憩，或坐或躺，或赤膊或抱肩，无论姿势如何，面孔都朝着同一个方向——马丘比丘的方向。

每个人似乎都在想着什么，要不然四周不可能那么安静。如果屏气凝神，似乎还能听到山风穿门而过的声音。我无法看穿别人的想法，却知道此时此地自己在想些什么。

我喜欢宫崎骏的《天空之城》。动画里的空中城堡，遥远而又神秘，可在被贪婪的人类发现后，终究难逃毁灭厄运。在真实世界，能以天空之城相称的地方恐怕只有马丘比丘了，它建于高山之巅、云雾之间，除了不能飞来飞去，也一样遥远而神秘。可现在它却与这两个关键词渐行渐远，你看飞机火车汽车的组合让抵达这里变得轻而易举，地理杂志连篇累牍的报道让它连皮囊内的细胞核都被放大得一清二楚。据说秘鲁旅游局还要在景区内修建观光电梯，后来因反对声浪太大不得不搁置。一件美好事物，在被人类探明方位，打听清楚底细之后，接下来就是坐下来算账看怎样才能把价值最大化。这是实用主义的思维逻辑，与理想主义恰恰相反。每个理想主义者心中都有一座天空之城吧，若想保存它的完好，就不能忘记初心，不能被自己的贪婪打败。

此时山间雾气聚成细雨淋在脸上，也不觉得冷。我的脚步离身后的天空之城越来越远，却离心中的天空之城越来越近（小鹏，2015，P154–155）。

关系空间将旅游过程视为旅游者与旅游地宏观、微观要素建立各类关系的过程，关系的深度折射出旅游者对旅游地体验的深度。与旅游者产生关联的当地居民、同行游客、遭遇到的其他人，抑或景观、物品、现象、事件等，它们并不是独立存在的客体，而是嵌入在特定时空中的人、物和事，它们在时间和地点上共享着同一标签。

（二）旅游场的时间维度

时间是旅游场的重要维度之一。既然旅游场是旅游者与旅游目的地相互结合而形成的现象空间，那么旅游场的时间也应是旅游者身体与物质空间交互过程中感受到的时间。这个时间不再单纯地呼应钟表上显示的绝对数字，而更多的是旅游场带给旅游者的时间感受，是体验到的时间感。就像背包客“小鹏”所说的那样：

时间与距离是两个用来描述旅途长度的精准工具。你看，从北京到天津，120公里，动车开30分钟就到了；北京到莫斯科，铁轨绵延了近7000公里，火车要开六天五夜；从北京到巴黎，直线距离8000公里，空中要飞行十个小时。不过对旅行者来说，我们可从来不用这些枯燥的数字来衡量旅途长短，我们凭借的只是自己的主观感受和体验（小鹏，2012，P39）。

一方面，旅游者在旅游场中感受到时间的指向。从较为宽泛的尺度而言，时间指向过去、现在或未来。我们每个个体的生命历程与整个人类的历史都是由时间积累而成的，这个由时间续成的历史又与空间密不可分。空间是时间的储存器。“首先以科学的方式把演化的、历史的观念引入时间流逝和空间变化的过程之中的是德国哲学家康德”（邬焜，2005），他否定了宇宙起源的神创论，提出了宇宙起源的“星云假说”，表明天体的产生、形成和变化的历史主义观点。几十年以后，法国著名数学家拉普拉斯又独立提出了这一问题。人们把他们的假说合称为“康德—拉普拉斯假说”。之后，恩格斯（1971）将康德—拉普拉斯的星云假说与当时的地质学发现结合起来，得出时空内在统一的观点：

地质学产生了，它不仅指出了相继形成并逐一重叠起来的地层，并且指出了这些地层中保存着已经灭绝的动物的甲壳和骨骼，以及已经不再出现的植物的茎、叶和果实。必须下决心承认：不仅整个地球，而且地球今天的表面以及生活于其上的植物和动物，也都有时间上的历史（恩格斯，1971，P13）。

不同的旅游地留存着不同的历史痕迹，传递出不同的时间信息，旅游者身处其中，接收到相应信息并获得时间感受。欧阳应霁（2004）在他的游记中这样描述：

我站在巴比肯中心旁伦敦博物馆（Museum of London）里，这个城市的源起、毁灭和重建都历历在目，经过史前史、罗马时代、中世纪、都铎王朝、斯图加特王朝到乔治时代、帝国时代——帝王将相才子佳人还有实在的平民，众人的故事成就了历史，然后到今天——博物馆外头刚好在修路，人行道崩裂犹如漂浮大陆板块，我相信，这也是展品之一（欧阳应霁，2004，P96）。

另一方面，旅游者在旅游场中会感受到时间运动的速度。现代生活大大压缩了人们的时空体验，便捷的交通工具提高了人们移动的速度，拉近了两地之间的距离。生活节奏的加快、产品生命周期的缩短、信息的大量涌现都让人感受到时间的快速流动。正如海德格尔（1996）所说：

时间和空间中的一切距离都在缩小。过去人们要以数周和数月的时间才能到达的地方，现在坐飞机一夜之间就可以到了。早先人们要在数年之后才能了解到的或者根本就了解不到的事情，现在通过无线电随时就可以知道了。植物的萌芽和生长，原先完全在季节的轮换中遮掩着，现在人们却可以通过电影在一分钟内把它展示出来。电影显示出各种最古老文化的那些遥远遗址，仿佛它们眼下就在今天的街道交通中。此外，电影同时展示出摄影机以及操作人员，由此还证实了它所展示的东西。电视机达到了对一切可能的遥远距离的消除的极致，电视机很快就会渗透并且控制整个交往联系机关。人类在最短的时间内走过了最漫长的路程。人类把最大的距离抛在后面，从而以最小的距离把一切带到自己面前（海德格尔，1996，P1165–1166）。

而当人们通过旅游的方式跳出日常生活的时空框架时，时间不再是以钟表计量的被视为客观存在的时间，而是身体感受到的时间。这种时间感通过身体或外物的运动得以体现。在旅游地，旅游者感受到身体或外物的运动速度与日常生活中的运动速度存在的差别，从而获得了不同于日常生活的时间感受。

综上所述，旅游场的时间是旅游者体验到的时间，主要体现在两个方面，一方面是时间的指向，另一方面是时间的速度。从时间指向来看，时间会经由个体经验和集体经验两条路径给出指向。从时间的速度来看，旅游场时间表现为以速度为零和速度无穷大为端点的连续统，其中主要体现为时间变快、时间变慢、时间凝固这三种状态。在第五章中，我们将对这些时间特征做详细探讨。

四、旅游场的状态结构

以上讨论让我们认识到，旅游场是一个具有连续性的流动的空间，是由旅游者身体在运动过程中构成的。身体对于不同情境的把握方式以及身体运动的各种可能性每时每刻都影响着旅游场的动态结构。但我们也注意到，旅游者对于旅游场的回忆往往呈现为片段性的场景，这让我们意识到旅游场是存在强度变化的，留存在记忆中的场景是对旅游者而言场强较大的片段。这些片段多半是具有正向场强的场片段，对旅游者产生较强的吸引力，但也可能包含具有负向场强的场片段，产生让旅游者感到愤怒、厌恶等情感反应的排斥力。

在对旅游场进行分析时，我们将其视为一个由多个场片段和场片段过渡按时序串联而成的动态变化过程（如图 3–6）。如果把整个旅游过程比作一部多场景戏剧的话，那么一个个旅游场片段就是剧中的一幕幕场景，正是在这些场片段中，旅游者体验到不同场片段的特质，并从一个状态转换到另一个状态，在跌宕起伏的节奏和强度变化中完成对整个旅游过程的体验。

不同场片段之间的连接部分我们将其称为旅游场片段过渡。处于场片段过渡阶段的旅游者未能感受到物质空间突出的时空特征，或因受刚刚经历的场片段影响，虽然脱离场片段所在空间却仍沉浸其中而游离于当前物质空间之外，此阶段旅游者与物质空间处于低水平关联状态。旅游者在这一阶段的状态具有日常生活状态的倾向。

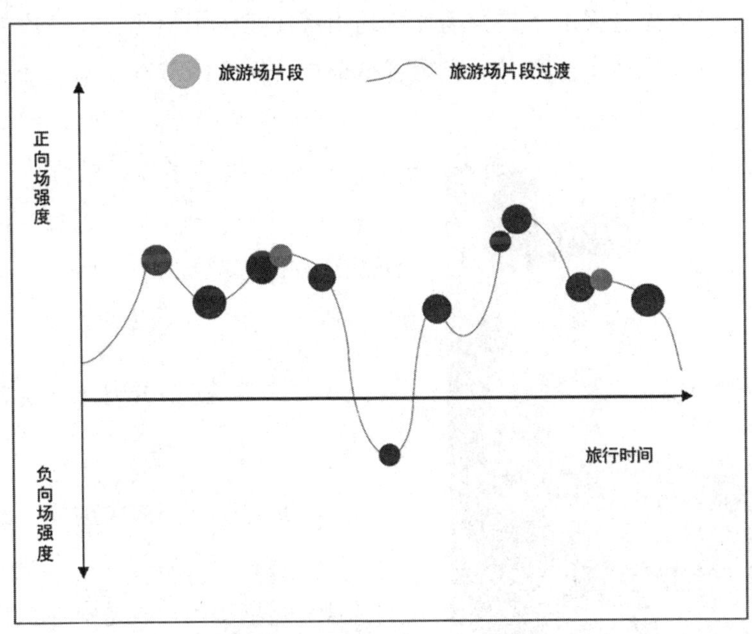

图 3–6　旅游场状态结构示意

如果你想慢慢了解欧洲的话，尝一尝酒、乳酪和各个乡村的特性，你将开始体会到任何文化的重要决定因素归根到底还是场所精神。

—— L.Durrel

第四章　旅游场片段的类型及特质

一、旅游场片段的类型

旅游体验过程由于旅游场片段的出现而充满了变化，场片段的数量、强度、顺序及持续时间影响着整个旅游体验的节奏律动和情感起伏，从而使体验呈现出千差万别的风格。其中每个旅游场片段的强度、方向、表现形式也各有不同，通过分析游记及访谈中的旅游场片段，我们按不同方式将旅游场分为以下几种类型。

图 4-1　从波兰华沙一个小教堂里出来，转身一瞥的瞬间，内心一震，那场景便定格在记忆深处

（一）定格型场片段和连续型场片段

从场片段持续的时间来划分，场片段可以分为两种：定格型场片段和连续型场片段。定格型场片段是旅游场发展变化过程中表现为类似于一幅照片或电影中的一帧画面所呈现的物质空间具有相对稳定性的片段。这种类型的场片段往往存在两种情形：一种是旅游场状态

突然变化，导致场强瞬间增加，让旅游者感受深刻，旅游场基本定格在场强突增的瞬间，这种状态持续时间通常较短，可以称其为瞬间定格型场片段（图 4–1）；另一种是旅游场逐渐提升至场强较高状态，并且这种状态会平稳维持一段时间，旅游者获得的体验趋于同质，从而表现为定格型场片段，可称其为延时定格型场片段（图 4–2）。

旅游者“天晴姐”记录了自己在冰岛之行中定格在记忆中的最难忘瞬间，那些瞬间是她用身心触碰到的平凡而真实的生活片段：

那些闪着光的，温暖的，让我忍不住去定格的最难忘瞬间和最美好的回忆，都不是发生在某个知名的景点，绝对是所有用眼睛看到的、用心灵触摸到的每一个不起眼的路边。①

旅游者“老伯虎”在帕米尔高原看到星空的那一刻也属于瞬间定格型场片段：

有一天晚上，我走出屋子，“哇……”的一声拖了足足 1 分 25 秒，刚子赶紧出门察看情况，却也跟着我“哇”了起来，两个神经病的喊声打破了小村的宁静，直到回声消失在深邃的夜空中，剩下两个女人愣在一旁。那是在瓦恰乡，帕米尔高原的星空下。那是我这辈子见过最壮美的星空。②

受访者“17khl”和旅游者“放逐”描述的场片段则属于延时定格型场片段，场片段中物质空间状态较平稳，整个场片段定格为一幅画面的形态：

回到客栈，坐在客栈门口的摇椅上发呆，看着碧绿的河水，远处古朴的小桥，对面挂着灯笼的木质客栈、人家，偶尔有嬉戏打闹的小朋友跑过，脚边有玩耍的主人家的小狗，远处是城里来写真的学生，哪一处，都像一幅画（受访者：17khl）。

在一片沙漠里，金黄色的土地上，有一群人，一群疯子，在放肆着

---

① 天晴姐.冰岛，一场有计划的逃离地球行动.马蜂窝,http://www.mafengwo.cn/i/16351788.html.

② 老伯虎.有一天，西域的阳光洒在心上.马蜂窝,http://www.mafengwo.cn/i/5326730.html.

图 4-2 延时定格型场片段

生命，在沙漠里狂奔，这样一幅画面真正地让人充满了激情。[①]

连续型场片段通常持续一定的时间，像视频一样由动态连续的画面构成，围绕着旅游者体验到的某一具有关联性的互动、事件或氛围展开。连续型场片段有时会包含较大尺度的空间移动，如以事件为核心的连续型场片段，旅游者有时会穿行于不同地点，但由于体验以事件为基调，因此空间成为伴随事件发展的背景。下文中，我们通过三个例子分别呈现以互动、事件和氛围为核心的连续型场片段。

以互动为核心的连续型场片段：

到了芽庄，看到如诗如画般的海景，心情为之一振，这还不算嗨，第二天的奥森岛一日游才是真嗨。和一群世界各国的年轻人，一起度过了我一生少有的嗨皮时光。……吃完，盆碗撤下，几条大船凑在一起，正好我们船在中间，是主场，其他船上的人，过来坐在我们刚吃饭的桌子上，开始联欢。……架子鼓、吉他手、贝斯手倾情助演，加上话筒音箱震耳欲聋，还真热闹。船小二见缝插针地推销着罐啤。我留神看了一下这些西洋年轻人，他们对音乐非常敏感，表演非常投入，身体也非常协调，若不是从小熏陶的能歌善舞，长大了很难拿得出手。一股发自内心的快乐荡漾在他们的脸上。……疯得差不多了，导游一声呼哨，噌噌噌，大家纷纷跳进了海里。那个带椰壳的“美女”坐在气圈上，给每位发一杯饮料，我接过来，一仰脖下去了，是酒！醉驾救生圈，看帅哥美女雄姿英发各种跳，一生有此一天，一天有此一时，没白活！这是我一

① 放逐.库布齐——定格的画面，瞬间的永恒，与我同行.马蜂窝,http://www.mafengwo.cn/i/3357113.html.

生不多见的最嗨一天。[①]

以事件为核心的连续型场片段：

去韩国，有一天早晨起得很早，想独自出去感受一下韩国的清晨。但是对于一句韩语都说不明白的我来说，显得有些困难，但还是独自出发了。韩国早晨因为在首尔所以并不清静，恰好赶上了早高峰，我已经完全迷路了。当时手机还处于无服务的状态，所以心里还是很着急的，幸亏出来时拿了一张酒店的名片。但是街上三种颜色的出租车让我彻底蒙了，我只记得他们的价位不同，但不知道哪个是适合我的。这时正在清扫的老爷爷可能看出我的焦虑了，我还没有说话，便立刻跑过来，很热情地帮我叫车，并告诉司机我酒店的位置。他说着韩语，我虽然听不懂，但还是深切地感受到人与人之间的信任和爱。和这位慈祥的爷爷偶遇，真的算是我在韩国最印象深刻的事情（受访者：9hlt）。

以氛围为核心的连续型场片段：

看时间不早正准备回旅馆，不料却在格雷戈里湖边看到了终生难忘的一幕。

——远处的湖岸边忽然间雾气弥漫，白鹭穿梭于茫茫雾气中，在平静的湖面上嬉戏翱翔，楼主的文采实在无法完美形容出当时的景色，只能一边压抑住心中激动，一边用快门记录下这仙境般的美景。短短几分钟后，雾气随风飘散，一切恢复平静，只有空中残留的一丝白色依稀诉说着刚才发生的故事。[②]

“回归橙色”在游记中连续用三幅照片展现让他“终生难忘的一幕”。这“一幕”的生成是由于“回归橙色”看到了湖面的氛围因雾气的弥漫和白鹭的嬉戏翱翔而发生连续变化，这使得他内心激动不已。整个过程虽然只持续了几分钟，但旅游场片段的强度维持在较高水平。随着雾气的飘散，场强回落，旅游场片段退场。

---

① 驴老踢．玩海难得这么嗨．马蜂窝，http://www.mafengwo.cn/i/1083703.html.

② 回归橙色．遇见最真实的梦——五万字斯里兰卡包车自助游流水账．马蜂窝，http://www.mafengwo.cn/i/5525342.html.

（二）具有内在戏剧性的场片段和具有外在戏剧性的场片段

戏剧理论认为，戏剧的运动是内心活动和外部行动的相互转化造成的，内心活动只有转化为外部行动才能产生戏剧性。黑格尔（1979）在《美学》中写道，“戏剧应该是史诗的原则和抒情诗的原则经过调解（互相转化）的统一”。弗莱塔克又进一步阐述了黑格尔关于戏剧的抒情诗因素和史诗因素互相转化理论，把这种运动过程划分为两种类型：第一种过程是一个人从萌生一种感觉到发生激烈的欲望和行为所经历的内心过程，第二种过程是由于自己或别人的行动在心灵中所引起的影响。其中“最大的魔力来自第一种过程，第二种过程要求更多的外部运动，要求各种不同的力量更为强烈地联合作用，几乎所有取悦于视觉的东西都属于第二种过程”（弗莱塔克，1981）。陈世雄（2012）在此基础上提出内在戏剧性和外在戏剧性两个概念。内在戏剧性以抒情性取胜，侧重表现内心活动，最能打动观众的心灵；外在戏剧性以故事性取胜，侧重表现外部行动，主要取悦观众的视觉。与之类似，我们在分析游记和访谈内容时发现，旅游场也同样表现出内在戏剧性和外在戏剧性两种不同的倾向。

我们可以把旅游场片段视为戏剧中的场幕。具有内在戏剧性的场片段往往表现出“静”的倾向，场片段中的要素不是剧烈变化的，没有热闹的场面、夸张的动作，场片段中的一切貌似风平浪静却让旅游者内心波涛汹涌。而具有外在戏剧性的场片段往往表现出“动”的倾向，用具有冲击力的“动”创造场的氛围，从而使旅游者产生较强烈的感受。

“小花”讲述了她和朋友“LL”在博物馆中欣赏名画的感受：

Getty Center 依山而建，俯瞰整个洛杉矶全景，散发着艺术和自然相结合的灵秀。……外行的确只能看热闹，我们走马观花地浏览了一遍。在梵·高的一幅画面前，LL 说她第一次看到的时候几乎要流出眼泪来，这一点我深信不疑，因为在卢浮宫，当我看到《蒙娜丽莎》的时候也有过这样的感觉（薛勇和林若岚，2013，P18）。

这样的情感一定不是仅凭绘画作品就可以激发出来的。如果没有跨越时空的相视，没有舟车劳顿的付出，没有旧相识的亲切感，没有当时的那种心情，没有博物馆的空间，还会有那种让人想流泪的感觉吗？这是场的作用使然，是一个具有内在戏剧性的场激发起的情感变化。受访者“lhh”也在这种类型的场片段中获得了愉悦体验：

来到了天安门广场，那时差不多是五点多一点，来了两列非常帅气而又年轻的兵哥哥，而国旗旁边的栅栏外都围满了人，真是里三层外三层呀！我和妹妹使劲往里挤，摸到栅栏，就静静地在那儿等兵哥哥的到来。不一会儿，他们就到了，然后非常熟练而又轻松地完成了降旗仪式。降旗的时候，大家都尽量保持安静，看着国旗徐徐降下，我们都投以崇敬的目光。降旗结束了，他们又自成两列往回走。我不由自主地就拉着妹妹跟着他们，我跟妹妹说“真的很帅啊！”他们听见了，然后有一位转头看了我一眼笑了。当时我的心里真是开心死啦。哈哈哈，感觉这次来北京真的没白来。我相信，这一幕也会永远存在我的记忆里（受访者：21lhh）。

对受访者“lhh”而言，在当时的旅游场中，降旗仪式是旅游者关注的核心事件，“兵哥哥”是事件中的关键人物，也是旅游者关注的焦点。本来作为仪式的构成要素，“兵哥哥”与她之间是表演者与观众的关系，存在一定距离，没有直接的互动。但出乎意料的是，“兵哥哥”听到了她和妹妹的谈话，并回头与她对视一笑。这种近距离的互动让“lhh”惊喜不已，心中充满了无比快乐的情感。另外，很多依托静态自然景观空间形成的场片段也属于具有内在戏剧性的场片段：

眼前一片一望无际的湖水，青青的碧波，纯净安宁，好似一块巨大的翡翠。平日里高远的蓝天，在青海湖畔仿佛触手可及，远远望去，水边的雪山清秀俊美。这雪山绿水蓝天相互映衬的景色，把我们都带入了高原景色妙不可言的境界里。有人迎着青海湖拂面的丝丝凉风唱起了《青藏高原》，那高亢辽远的歌声仿佛穿透了整个苍穹，那嘹亮动人的音符仿佛变成了空中的雄鹰，沐浴在青海湖的美景中，用心倾听一首粗犷的歌曲，我的心感受到了来自灵魂深处的震撼（舟舟，2014，P66）。

我们再来看看旅游者在美国好莱坞影城游玩时形成的比较典型的具

有外在戏剧性的旅游场片段：

这个Tour涵盖的项目比较多，所以也是众多项目中历时最长的一个，导游为大家介绍各种片场作用和我们熟知的好莱坞大片中的各种场景，比如洪水、地铁出轨、汽车爆炸等灾难现场，绝望的主妇门前的花园等，最让人触目惊心的应该是King Kong。……电瓶车开进一个黑黑的山洞，灯光一变，乘客们立马置身于三维的热带雨林中，随之就是被金刚扔来扔去，虽然是动画的，但是各种感受，比如强震、摇晃、失重等都身临其境（薛勇和林若岚，2013，P42）。

这个场片段展现出的外在戏剧性达到了极致的程度。好莱坞影城本身就是按照剧场模式设计建造的，旅游者体验的项目又与电影场景有关，因此这个场片段的外在戏剧性的强烈程度可想而知。我们再来看一个未经任何编排设计而形成的具有外在戏剧性的场片段：

我在北京时，有一天清早，散步走过一座小桥，来到护城河边的林荫小道上。我是被各种刺耳的喊叫声、唱歌声和弦乐器声所吸引，好奇去一看究竟的，结果却发现那里是个能让人实现自我愿望的地方。整条路上全是专心对着河边高高石墙、在晨光中练习各自才艺的男男女女，就像对着哭墙的犹太人，就像我们晚上在自家浴缸里唱歌一样。北京人练习唱歌的地方则是石墙。有一个男人，他的脸离墙只有几寸远，正大声背诵着一段很有英雄气概的独白。还有一个女人，以让人眼花缭乱的手法弹着琵琶。一个浑厚的男低音正唱着浪漫的民谣，一个诗人似乎在尝试写歌词，一位骑自行车的老人拨动着古老鲁特琴上的琴弦。我突然很想加入他们的行列，在这墙边来一段“生存或毁灭”，又或者朗诵一段自己的美文，但我抑制了自己的冲动，作为一名外国游客，我只是一路吹着口哨，回去吃早饭了（莫里斯，2015，P78）。

（三）正向旅游场片段和负向旅游场片段

在访谈中，当被问及“旅游中印象最深刻的场景”时，大多数受访者描述的场景是可以用“美好”“愉悦”“感动”“难忘”“快乐”“放松”“震撼”等字眼来形容的，这些场片段对旅游者产生吸引力，使旅游者乐于置身其中。即便这些场片段出现在黑色旅游景点，其作用于旅游者的力也是将旅游者吸附在该场的力。我们将这种类型的场片段称作正向旅游场片段。但也有极少数的旅游者所描述的场片段令其感到“失望”“毫无感觉”“喧嚣”“可气”“不开心”。旅游者处于这样的场中产生了消极情绪，有想要离开的倾向，也就是说，这样的场片段不是对旅游者构成吸引力，而是构成了反向的排斥力，促使其产生脱离该场的行为倾向。我们将这种类型的场片段称作负向旅游场片段。我们先来看一个正向旅游场片段的例子：

今年暑假，第三次去了北京，每次去的感受都不一样，但是每次必去的当然是南锣鼓巷。……令我印象深刻的是你可以傍晚去南锣鼓巷转转，伴着灯光，除去店铺，我们可以尝试去看看店铺后面的人家，有时可以看见几位老人在讨论着北京的现状以及各家的家长里短。显然是那么舒服，反而比外面的“灯火”更让人流连忘返。让人安静得不想离开，想融入他们，享受这种安详的生活、文化。往往是最原始、最朴实才是人们最想看到的而不是一味追求经济化（受访者：40lsr）。

这是一个对旅游者构成正向吸引力、让其不想离开的正向旅游场片段。旅途中，正向旅游场片段构成了旅游体验的“高光时刻”，是那些美好的、难忘的旅游体验的来源。我们再来看一个负向旅游场片段的例子。受访者“mdm-yj”描述了他在凤凰古城的旅游经历。白日里的古城让他尚可接受，但一到晚上，除了彩灯勾勒出的建筑轮廓能够正向增加这个场的强度外，其他方面对该旅游者而言均不可留恋。他对这样的场如此排斥，是因为古城的街道上遍布着夜店，里面传出劲爆的音乐、肆意的喊叫，这让他无可奈何、无法忍受。这个充斥着刺耳噪声的场对旅游者产生了一个极强的负向的力，让旅游者想要离开那里：

张家界挺好，凤凰那个地方不能去。凤凰现在除了晚上，灯光使得小城有些古建筑、古桥还挺漂亮之外，剩下的两边，在城里面有 500 多米，河宽大概就五六十、六七十米吧，全是夜总会。咱们这边夜总会是关着门在屋里唱，嚎多大的声都听不见，它那儿是门窗大开，一家挨一家，一家挨一家，嗷嗷喊啊，跳得乌烟瘴气的，全是这样的。你弄点小咖啡馆啊，或来个浅吟低唱这还可以。但那样是干什么？全都是摇滚乐，你走在里面半点（古城）感觉都没有。就早晨起来时候，我起来得早，那时候下雨，想拍拍雨景，早晨起来五点多我就出去了，那时候像古城，特别安静。一到晚上就完了。不值得去那个地方，一点感觉都没有。就晚上用灯装饰的那几个地方还行，其他地方毫无感觉（受访者：mdm–yj）。

受访者“29zhxl”描述了她和妈妈被要求强制消费的场景。在这个场景中，导游的行为是促使该场景成为负向旅游场片段的主要推动力：

和妈妈的港澳游，印象深刻的是一次强制消费体验。上午带着我们草草地逛了几个景点。吃过午饭后，全团游客便被拉到了一家不知名的珠宝行。在经过第一道门的简短讲解后，游客们进入了大厅。在这里可以看到，已经有好几个团先到了。也就是说，内地游客到香港被拉到此地强行消费已经成为惯例。里边基本是来自内地的游客。在大家参观商品时，导游一直在做鼓励工作，更可气的是，一旦发现谁没有兴趣，在一边想休息，导游便会及时上去，再把游客拉到柜台前，对于那些比较坚持不购物的个别几位游客，便会极尽讽刺之能事，而有人想提前离开这家店时，连出口都找不到。那次的香港游因为这些强制消费很不开心（受访者：29zhxl）。

二、旅游场片段的场感

（一）场感的类型

在不同的旅游场片段中，旅游者获得的感受不尽相同，我们把旅游者在旅游场中获得的空间感受称作场感。为探究旅游者在旅游场中会获得怎样的场感，我们针对调查问卷中开放式问题“请用 2~3 个词语概况您在该场景中的感受”收集到的数据进行了词频统计和定性分类，如表 4–1 所示。

从表中可以看出，回答中出现词频较高的词语有震撼（56）、放松（42）、开心（40）、新奇（28）、舒服（23）等。由于被调查者在描述同类感受时会选择不同的词语进行表达，因此我们将意思相近的词语归为一类，共整理出二十种类型，然后在此基础上进行二次归类，整理为三大类型。

虽然被调查者填答的内容无法涵盖所有可能的场感，但其较突出地显现为两种取向和三种类型。从现有结果来看，场感具有内向和外向两大取向，具体可分为三大类型，其中外向取向包含两种类型。第一类是内向场感，是从旅游者自身角度出发对旅游场进行评价，其中愉快感（168）、紧张感（121）、松弛感（84）、舒畅感（62）出现频率较高。第二类是与外物相关的外向场感，旅游者从物的角度描述旅游场给他带来的感受，其中优美感（88）和新奇（40）较为突出。最后一类是与旅游场中的他者相关的场感，场感来源于旅游场中的其他人，其中旅游者所感受到的自己与他者之间的亲疏感（17）所占比重较大。

场感的三种类型让我们看到，场感是包括旅游者自身在内的多方面因素共同作用的结果，旅游者对场感的评价并非仅仅表现在情感体验方面，而是根据旅游场中各种力量相互作用的最终结果来确定取向向内或向外，向物或向人。上述三种场感类型划分只是一个粗略的框架，下文中我们将通过定性分析的方法来探究场感的具体形成要素。

表 4–1　场感词频统计及归类

原始数据词频统计	一级归类	二级归类
震撼（56）、刺激（19）、兴奋（14）、激动（7）、害怕（3）、紧张（2）、惊喜（3）、惊险（3）、惊讶（3）、惊奇（5）、惊叹（3）、不可思议（1）、惴惴不安（1）、惊心动魄（1）、	紧张感（121）	内向场感（与旅游者自身相关）
温暖（9）、感动（9）、亲切（3）、感激（1）、感慨（3）	温情感（25）	
新奇（28）、新鲜（9）、好奇（3）	新奇（40）	

续表

原始数据词频统计	一级归类	二级归类
舒服（23）、舒适（22）、舒畅（6）、畅快（2）、过瘾（1）、畅游（1）、爽（3）、舒爽（1）、清爽（1）、神清气爽（1）、自豪（1）	舒畅感（62）	内向场感（与旅游者自身相关）
放松（42）、轻松（10）、自由（9）无所担心（1）、放空（1）、减压释放（1）、释怀（1）、悠闲（3）、自在（3）、休闲（2）、闲适（1）、悠然（1）、闲逸（1）、平静（5）、安心（3）	松弛感（84）	
开心（40）、惬意（22）、享受（15）、愉悦（13）、愉快（13）、快乐（11）、心旷神怡（10）、好玩（4）、高兴（4）、满意（3）、满足（3）、陶醉（3）、喜欢（3）、欢乐（2）、有趣（2）、喜悦（1）、圆满（1）、尽兴（1）、完美（1）、欣喜（2）、幸福（11）、正能量（1）、积极（1）、乐此不疲（1）	愉快感（168）	
向往（2）、憧憬（1）、期待（1）、无限未来（1）、希望（1）、迷茫（1）、冥思遐想（1）	方向感（8）	
怀念（4）、怀旧（1）	怀旧感（5）	
尝试（1）、突破（2）、忘我（2）	自我感（5）	
凉爽（6）、感到热（5）、感到冷（2）、难熬（1）、累（3）、东西好吃（4）、身临其境（2）	体感（23）	
壮观（7）、开阔（5）、旷野（1）、壮美（1）、惊艳（2）、神奇（4）、奇秀（1）、奇观（1）、雄伟（4）、广袤（3）、壮阔（1）、空旷（1）、宏伟（2）、辽阔（2）、大气（3）、空灵（2）	崇高感（40）	外向场感（与外物相关）
宁静（4）、平和（1）、清静（1）、恬静（2）、静谧（2）、安静（3）、平安（1）	静感（14）	
文明（4）、发达（2）、现代（1）、繁华（1）、有活力（1）、交通方便（1）、有序（5）、多元化（1）、丰富（3）、蓬勃（1）、辉煌（1）	现代感（21）	
美（21）、美丽（12）、美妙（3）、美好（10）、景好（4）、美不胜收（3）、优美（6）、精致（3）、景美（3）、美轮美奂（2）、美味（2）、好看（2）、赏心悦目（2）、唯美（1）、景色宜人（1）、秀丽（4）、漂亮（4）、曲径通幽（1）、别有洞天（1）、巧夺天工（1）、精心设计（1）、巧妙（1）	优美感（88）	
特别（2）、异国风情（1）、别样（1）、特色（1）、唯一（1）、新颖（1）、脱俗（1）	独特感（8）	

续表

原始数据词频统计	一级归类	二级归类
历史（6）、文化（6）、古典（3）、古老（2）、厚重（1）、深刻（1）、味道（1）	历史感（20）	外向场感（与他者相关）
神圣（2）、浪漫（12）、温馨（7）、梦幻（2）、仙境（3）、热闹（3）、神秘（1）、童话（1）	风格感（31）	
干净（8）、和谐（5）、整齐（2）、人少（1）、拥挤（7）、脏（1）乱（2）	整洁感（26）	
自然（11）、清新（5）、清澈（2）、原生态（1）、纯净（1）、单纯（1）、朴素（1）、真实（1）	自然感（23）	
热情（7）、友情（2）、友谊（1）、亲情（1）、好客（1）、友善（1）、友好（1）、友爱（1）、真诚（1）、贴心（1）	亲疏感（17）	
民风淳朴（2）、周到（2）、细致（1）、善良平和（1）、虔诚（1）	个性品质感（7）	

（二）场感的形成要素

通过对现有资料的定性分析，我们发现，场感的形成要素可以归纳为以下六大要素：包含人造物和自然物在内的稳固因子，包含人为氛围和物造氛围在内的动态氛围因子，包含他者行为、旅游者非人际互动行为、旅游者人际互动行为在内的行为因子，包含经验对比和前期印象在内的先在因子，以及事件因子和现场状态因子（表 4–2，图 4–3）。

表 4–2　开放性编码示例

原始资料	概念化	范畴化
小巷地面的石头，罗马式、哥特式、巴洛克式及文艺复兴式的建筑和花园，伊斯兰教建筑风格的宫殿，建筑上高耸的钟塔或者房顶才用彩色瓷砖，民居围墙顶上贴了彩色瓷砖的纺锤体，民居的门厅和墙壁下半部分贴着彩色瓷砖，卡泰多拉尔大教堂，阿尔卡萨尔宫，精致的浮雕，优美的刻字，西班牙广场，半弧形的红砖建筑，三座塔，喷泉，一池水，贴满彩色瓷砖的拱桥，近百幅彩瓷壁画，马斯隆萨斗牛场，斗牛场内博物馆，挂在墙上的牛的头和角，卡门的雕像。（孤独川陵，塞维利亚老城区）	人造物	稳固因子

续表

<table>
<tr><th>原始资料</th><th>概念化</th><th>范畴化</th></tr>
<tr><td>美丽的海湾、广阔的平原、丰饶的土地和烟雾缭绕的紫色山头。如果不是亲眼看到，我很难相信非洲会有这样如诗如画的风景。（孤独川陵，好望角）
成千上万的鲸鱼、企鹅和海狮都生活在这里，人们一出门就能看到这些可爱的动物。（孤独川陵，好望角）</td><td>自然物</td><td>稳固因子</td></tr>
<tr><td>阳光的照射下建筑散发出诱人的光芒，惊险的斗牛，热情奔放的弗拉明戈舞。（孤独川陵，塞维利亚老城区）
外面传来马蹄声。刚从旅店出来，迎面就遇到了一辆马车。市场是小镇清晨最热闹的地方，这里人头攒动。（孤独川陵，格拉纳达小镇）
圣诞节就要来了，她和同事们都戴上了圣诞老人的帽子，以此来烘托节日气氛。（孤独川陵，萨尔瓦多）
窗下就是流动的菜市场，还有穿梭不息的人流、摩托车车流。我们在窗边看了许久，是被巴德岗这种原始古朴的气氛给吸引住了，瞬间感觉，这里比加德满都好上百倍！（花事了了 LOVE，尼泊尔）</td><td>人为氛围</td><td rowspan="2">动态氛围因子</td></tr>
<tr><td>优美的吉卜赛音乐，橙子树散发出阵阵清香。（孤独川陵，塞维利亚老城区）
光的强弱不停地改变，房子的颜色也随着光线的强弱变化而变化，它们的影子随着太阳位置的改变而改变。天空中偶尔飘过一朵云，光影的变化就更加多样了。（孤独川陵，格拉纳达小镇）
夜里的圣菲波哥大更让人惊奇，下午阴霾的天空，让城市变得好像有些压抑，但到了夜晚，一切就都不同了。高大的建筑披上了由彩灯制成的外衣，城市忽然变成了彩色的童话世界。（孤独川陵，圣菲波哥大）
我们都没有说话，小鸟在憩息，蜻蜓忙着交尾，夏末的第一片红叶以慢镜头的格式缓缓落下。（Vivian 维安安，大沼国定公园）</td><td>物造氛围</td></tr>
<tr><td>当地人不睡到太阳晒屁股是不会起来的。小镇并不大，马车便成为买菜大娘们的最爱。走得越远，越是能感觉出西方人对现代技术的不热衷程度，反正不懂技术也饿不死，没有压力就没有学习的动力。许多人都来这里购买一天所需，而附近农民也带来了自己的货物，希望能早点卖光，早点回家。（孤独川陵，格拉纳达小镇）
当我在宁静的广场上散步时，一位老人逍遥自在地吹着笛子从我面前走过。这个场景在圣菲波哥大的确具有一定的代表性，这是一个生活节奏并不很快的大城市，治安也相对稳定，市民们很懂得享受上帝赐予他们的一切。（孤独川陵，圣菲波哥大）</td><td>他者行为</td><td>行为因子</td></tr>
</table>

续表

原始资料	概念化	范畴化
这里风大浪急，最颠簸的时候，船上的每个人都要坐在座位上抓紧栏杆，否则很可能会被抛到半空中，因此，坐在船上经常会有失重的感觉。寒冷的海风能穿透衣服，把人吹得透心凉。不仅如此，大风卷起的浪花，会像雨点一样横扫过来，让你防不胜防。（孤独川陵，好望角）	旅游者非人际互动行为	行为因子
正当我站在某座教堂的台阶上环视四周时，一个小孩突然出现在我面前，我拍下了他的样子给他看，他就像看到了哈利·波特一样，变得非常兴奋……我俨然已经成了和当地人一样的、最快乐的人。（孤独川陵，萨尔瓦多） 她的脸上带着一种莫名的微笑，目不转睛地看着我。后来这个女人竟然走了过来……她和我讲话，是想提醒我注意安全，说这里到处都是小偷和强盗。（孤独川陵，巴拿马）	旅游者人际互动行为	
当天我就把旅行手册弄丢了。本来我把它放在了自己短裤外面的大口袋里，但是不知道什么时候它就莫名其妙地不见了。这可是我进入中美洲的第一天，后面还有七个国家在等着我，而我却丢了手册，再也没有比这更倒霉的事情了。（孤独川陵，巴拿马）	发生事件	事件因子
心中有美，眼睛才能发现美。把刚刚买来的东西塞进肚子，再灌上几口无糖可乐，我渐渐从旅途的疲劳中恢复了过来。有了体力和精神，再观察起这座城市就和之前的感觉又不一样了。（孤独川陵，萨尔瓦多）	旅游者当时的状态	现场状态因子
格拉纳达古城和丽江古镇最大的区别便是建筑和文化。格拉纳达依然是一个活着的小社会，它仍然按照旧模式运转着；而丽江古镇则已经演变成一个专为游客存在的社区，你看到的、感受到的一切都是为游客设计的。（孤独川陵，格拉纳达小镇） 出了大厅，凉风习习，圣菲波哥大的高原性气候居然让我在赤道附近感受到了如北京秋天一般的凉爽。（孤独川陵，格拉纳达小镇）	经验对比	先在因子
在我很小的时候，我就曾经听说过巴拿马，那是因为当时热播的一部美国动画片。……朋友说巴拿马到处都是香蕉，整个国家都弥漫着香蕉的香味。……因此巴拿马就成了我童年幻想中的完美国度。（孤独川陵，巴拿马） 然而实际情况却和我想的刚好相反，机场干净得简直可以席地而坐。（孤独川陵，格拉纳达小镇）	前期印象或期待	

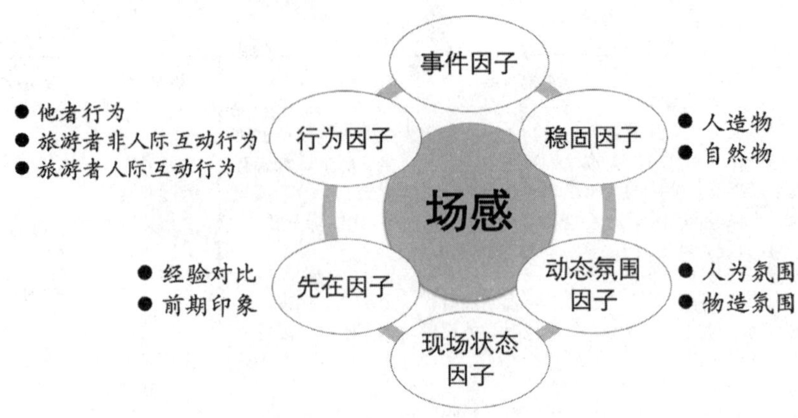

图 4–3　场感的六大形成要素

1. 稳固因子

旅游物质空间中的稳固因子是空间中物的构成部分之一。稳固意味着物的状态是相对稳定的，那些在短期内不会发生重大变化的人造物和自然物，如建筑、山川和动物等，都属于稳固因子（图 4–4）。正如龙迪勇所言：

是啊，一个逝去时代的精神风貌总是潜藏在那些空间性的建筑、古物或图像中，正因为如此，所以这些空间性物件在再现往昔的历史时才显得格外地重要（龙迪勇，2015，P384）。

稳固因子为旅游场的场感形成提供了基调，但无论稳固因子的品质有多高，并不意味着它会对场感起到决定性作用。形成的场感能否与旅游者预期的场感或场所本身的特质相符，还要看旅游者设身处地时其他场感形成要素的状态。例如，上文在探讨负向旅游场片段时提到的凤凰古城，虽然那里古建犹在、古貌犹存，但由于其他游客的行为严重背离古城应有的特质，使得旅游者当时形成的场感与预期场感背道而驰，从而无法获得较好的体验效果。

图 4-4 故宫的建筑作为稳固因子让人感受到浓厚的古典气息

2. 动态氛围因子

与稳固因子不同，动态氛围因子并不总是会出现在某一旅游物质空间中。但它的出现会给相对稳固的物质空间增添动态变化，让相遇具有了某种不确定性（图 4-5）。动态氛围因子赋予稳固因子以特色，可细分为人为氛围和物造氛围。光线、色彩、声音、气味、自然现象等都是营造氛围的重要因素。原广司（2017）以“秋季黄昏”为例，探讨了空间的意义在更大程度上取决于光和声音这些动态氛围因子，而不是物：

与其说“空间的意义”依存于事物，其实多数情况下，它依存于光的状态、声音的状态的程度会更高。我们以题为“秋季黄昏”的情景图式为例，对于日本人的一般感性而言，微凉的空气、冷寂的光与影、扩散至全幅的色调，在图式中，是占支配性地位的，物体并未行使着根本性功能。若要对“空间的意

图 4-5 动态氛围因子给物质空间增添了变化

义”予以象征性的表述，那么顺应光的状态、音效状态的做法，会让人在感觉上容易理解（原广司，2017，P163-164）。

旅游者“小小喷子”游记中的文字呼应了原广司的观点：

夕阳下，倔强的雪山试图强留住最后一丝暮色，正如晨曦中，山峰争先得到第一缕阳光的照耀一般，最美的时刻总是短暂出现在朝夕光影中。[①]

戏剧表演领域也一贯注重对戏剧场景氛围的营造。费舍尔—李希特（2012）专门探讨了对氛围的理解以及气味和声音在烘托剧场氛围中发挥的重要作用：

在演出中，气氛产生（制造）空间性，和现场产生形体性，其意义是相当的。气氛使空间和“物”具有凸显的光彩，在“气氛”中“物”对进入空间的主体来说是当下的（在场的）。物不仅在其最主要“质”和其次要的“质”中向主体表现了自己，并让自己用“这样的存在”（So-Sein）表现了自己，物还以一定的方式向在气氛中观看的主体的身体产生影响，甚至侵入到身体之中。因为主体对气氛而言，不仅有对它的距离，而且还为气氛所笼罩，沉浸在气氛之中。

这特别清楚地表现在“气味”上，这种气味会共同制造不同的气氛。

……自60年代以来，在戏剧和行为表演艺术中一再使用气味。尼奇的狂欢—神秘一剧中，正是气味从羔羊尸体、血液和内脏散发出来，这种气味完全把观众浸入特别的气氛之中，并使观众产生强烈的厌恶感或一部分人的快感。

……比如在《杀掉》一剧中，每当演员和歌队一起开始唱一支曲子时，一开头所描绘的可怜的、怪诞可笑的绝望气氛便会突然改变。他们的歌声让人忘记这个像候车大厅似的空间的压抑和丑陋，剧中的人物正用这种狭隘的心胸和敌意在相互折磨。他们的歌声听起来在令剧中人物

① 小小喷子 . 那时 · 西藏 II：一路向西，寻山河日月 . 马蜂窝，http://www.mafengwo.cn/i/21450292.html.

及观众摆脱这一压抑的日常生活世界，并创造了一种气氛，这种气氛充满了丰裕、和谐和共鸣，这歌声让人摆脱压抑着人的狭窄可怜得令人厌恶的日常生活，这歌声是突然明亮起来的乌托邦（费舍尔—李希特，2012，P170–175）。

旅游场中的动态氛围因子让旅游场充满了戏剧性，正如下面这段文字所描述的台湾新竹尖石山区里的小木屋，如果没有满满的花草和缭绕的雾气这些动态氛围因子的话，梦幻仙境的感受则会大打折扣，甚至荡然无存：

清幽森林或深山中的小屋在宫崎骏动画里经常出现，新竹尖石山区里也有这么一处遗世的小木屋，四周被满满花草和树木簇拥，山头可眺望山谷美景，尤其每当雾气缭绕，小屋陷进朦胧的浪漫景致中，就像置身动画中的梦幻仙境。[①]

3. 行为因子

在影响场感的行为因子中，包含有他者行为以及旅游者自身的行为，其中旅游者自身行为可以细分为旅游者非人际互动行为和旅游者人际互动行为。

在这里，我们以他者行为为例来说明行为因子对场感的影响。旅游者遭遇到的他者包括当地居民、服务人员、同行游客和其他非同行游客等，由于他者是特定物质空间的构成部分，因此其行为会在一定程度上影响场感的形成。因此，当他者行为成为旅游者的关注焦点时，场感就来自那些行为给旅游者带来的感受。易中天（1997）在《读城记》中曾提到陈丹燕笔下的上海人的雅致：

关于上海和上海人的“雅致”，写得最淋漓尽致的，大约就是陈丹燕的《上海的风花雪月》一书。只要翻开第一页，读一读《时代咖啡馆》，就立即能感受到上海人那经过长期熏陶和修养形成的极有品位的

① 飞猪.真真假假分不清，现实版宫崎骏动漫场景毫无违和感.中华网，http://travel.china.com/hotspot/13000493/20170626/30836807.html.

"最优雅精致的生活方式"。柔柔的外国轻音乐，有一点异国情调，但不先锋；暖暖的进口咖啡香，也有一点异国情调，但不刺激。领台小姐谦恭而不媚俗，男女客人体面而不骄人。点菜的时候，男人稍微派头一下，女人稍微矜持一下，配合得恰到好处，也都不过分。"这就是上海的气息"，而这个气息就叫作"雅致"（易中天，1997，P18）。

受访者"8zy"描述了她在丹东锦江山游玩时遇到的一对老夫妇，她的描述也让我们看到旅游者因他者行为而产生的场感：

在山中漫步的途中，看到了一对老人，白发苍苍却仍旧很恩爱，手牵着手走在小路上，然后，找着一个长椅坐了下来。他们之间没有更多的交流，只是默默地坐着，幸福的微笑和眼神的交流已然说明了一切。周围青山环抱，往上走几步就是一个翠微山戏剧社，有人下棋，有人聊天，环顾四周，仿佛置身仙境。我内心很动容，很羡慕老人家，执子之手，与子偕老的爱情，就好像漫漫人生路我都不在乎，只执一人之手便好。当时很感动也有想要像他们一样执一人之手，在那种生活里共同走一生的想法。夕阳很美，树影婆娑，一对老人，一张长椅（受访者：8zy）。

4. 先在因子

先在因子意味着旅游者在场片段中所形成的场感会受到先前经验或有关旅游地的前期印象和期待的影响。外出旅游的人们经常会把旅游地与自己居住的地方或曾经去过的地方进行比较，如受访者"llj"在成都锦里古街游览时的感受在一定程度上是通过与家乡的对比获得的：

成都建得挺好，一条街既有品红酒的高档的地方，对面也有喝盖碗茶的大众的地方。既有阳春白雪，又有下里巴人，什么样的人都能选到适合自己的产品。餐馆是可以随便坐的，里面外面都是，可以带着吃的坐在那里吃，人家不会撵你。和北方差别很大。可能觉得你坐在这里需要的话就会点东西吃。商店也是这样，服务态度好，买不买都客气，有个卖香炉的店，里面东西成千上万的，拿起来摸一摸，人家不会说不能碰。有个木雕 18 万元，摸一摸都可以。家里那边是不能让你摸的。在成都能够感受到那里的悠闲（受访者：llj）。

受访者“13wlx”对昭化古城的感受则是在与凤凰古城、平遥古城和丽江古城的对比中凸显出来的：

昭化古城是汉蜀古城，整个古城街道、建筑基本保存了汉时期的风格。当真正进入到古城里，那种古香古色的气息瞬间扑面而来，我仿佛穿越了一般。因为是冬季，当时古城里人不算太多。一个人踏在青石板上，抚摸着那些古老的建筑，就感觉置身其中。就在那一瞬间，心灵都被净化了一般，我很庆幸走了一段古城的路，很安静，很干净，是我当时心灵的感受。它不像凤凰古城、平遥古城或丽江古城那般，虽然各有各的味道，但它们却多了几分喧嚣。依稀记得，那天的天空灰蒙蒙的，笼罩着整个古城，像是远离了城市的喧嚣，空灵幽远得让人心灵淡然（受访者：13wlx）。

另外，场感与旅游者对旅游地物质空间的前期印象或期待有着很大关联。在旅游场中，旅游者会不自觉地将现场体验与前期印象或期待进行比较，从而对所在场片段做出评判。上面提到的受访者“13wlx”对古城是抱有期待的，昭化达到了她期待的标准，而凤凰、平遥和丽江则与她所期待的存有偏差。事实上，许多到过丽江的游客都感慨，他们心里向往的是曾经古朴的丽江，但熙来攘往的商业街上却充斥着喧闹的酒吧。前期印象与现场的不符，造就了一个让他们些许失望的古城。但并非所有旅游者都会持有先入为主的印象或是对旅游地事先抱有期待，例如，对于不了解古城的小孩子而言，古城是一个含义模糊的概念。当他们并不期待在丽江与古城相遇的时候，丽江会让他们获得别样的感受。

5. 事件因子

“一个场所的所有生活和灵魂，我们所有的在那里获得的体验，不单单依赖于物质环境，还依赖于我们在那里体验的事件。”（陆邵明，2007）事件的发生牵涉物质空间的不同要素，旅游场也会因特定事件的发生而存在。旅游者“Mr.Shan”在她的游记《Wandering in Magical India~天堂与地狱之间》记录了她和朋友在印度游玩时的一段经历：

斗智斗勇故事之一：

一大早10点出门的时候，不知所措，优步居然一直登录不上（要用印度号码申请），tuktuk不敢信任哪一辆，于是请旅馆服务人员帮忙叫了一辆tuktuk，他告诉我们两人到红堡100卢比（并且他很贴心地记下了车牌号）。

司机边开着车，边回头和我们聊天（司机呀，拜托你能不能看前面）。

我们边吃着灰灰，边谷歌导航，发现这路线怎么不太对劲呀。

当即直接质问司机，你现在是在去red fort的方向吗?

我们争执了几句，他拿出一张地图一样的东西指着机场方向，这两个词发音就那么像吗?

于是我跟他说：我还有朋友在红堡那边等着呢，请你沿着红堡方向!

他缓缓转动方向盘重新换了方向，后来一句话没说。

到红堡门口跟我很无辜地说一个人100，两人200。

真想爆粗口，我还是态度很和蔼地跟他说：200不可能，如果你有很好的服务，下次我还会坐你的车。

他想了想，说：好吧，那你朋友呢?

睬都不想睬他，扬长而去。

在这个以事件为核心的连续型场片段中，Mr.Shan感受到了印度丑陋的一面。结合旅途中的其他场片段所获得的场感，Mr.Shan最终用“神奇”这个字眼来表达她对印度的感受。

我们完完整整、安安全全地归来，带着对于神奇国度惊叹不已、些许鄙视以及无比怀恋的复杂而又矛盾的情绪归来。

在这个

集美貌与丑陋

集圣洁与肮脏

集信仰至上与可爱俏皮

集开挂技艺与无聊散漫

于一身的天堂与地狱交织般的神奇国度～

度过了神奇的15天～[①]

6. 现场状态因子

现场状态因子指代的是旅游者在旅游场中的状态。旅游者身体本身就是旅游场的构成部分，身体的状态必然也成为场感的来源之一。就像表4–2中“孤独川陵”在萨尔瓦多所体验到的，在她恢复体力和精神之后，同一城市给她带来了不同的感觉。薛勇、林若岚（2014）在旅游途中也总结出一条规律：好的身体状态是高质量旅行的先决条件。

到达了山顶的观景台，可以品尝葡萄酒，孩子们也有新鲜葡萄果汁。可言喜欢喝葡萄酒，抓起我的葡萄酒杯就喝了一大口……葡萄园小火车之旅历时一个小时。我和大勇一路感慨，好在参加这个团，要是让我们自己爬上来，就我们这身子骨儿也招不住抱两下可言，肯定什么美好的兴致都会泡汤，没办法，不能不服老，体力大不如前。……把自己身体保护好是高质量旅行的先决条件（薛勇，林若岚，2014，P125）。

建筑师彼得·卒姆托（2010）曾经思考过这样一个问题：一座建筑物究竟是什么打动了我？他思考的结果是：

是一切。是事物本身、人群、空气、喧嚣、声响、颜色、材质、纹理，还有形式——我所欣赏的形式，我设法破解的形式，从中能找到美的形式。还有什么别的打动了我？是我的心绪，我的感受，还有当我坐在那里时使我满足的期待感（彼得·卒姆托，2010，P15）。

彼得·卒姆托在这里指出了人的自身状态是影响建筑体验效果的重要因素。人们在旅游场中的体验与建筑空间体验存在着相通之处，事实

① Mr.Shan. Wandering in Magical India~天堂与地狱之间. 马蜂窝, http://www.mafengwo.cn/i/7440977.html.

上很多旅游场都涉及建筑空间体验，而在这种体验中人本身是一个重要影响因素。旅游者“天空之城”在总结自助游心得时也特别指出旅游者自身状态对体验效果所能够发挥的积极作用：

好的心态会使美好的风景无处不在。天气不好、路线不好、遇人不淑……都不应该成为沮丧出游的理由，只要有一双发现美的眼睛，美景就会无处不在。一个合格的旅伴，既要能够被 HIGH，还要懂得 HIGH 人，最要紧是能够自 HIGH。①

三、针对旅游场片段场感的定量分析

我们采用定量分析的方法对场感进行进一步的探究。在调查回收的572 份问卷中，首先根据答卷时间、反向测量问项是否符合逻辑以及是否存在高度一致标准，对数据进行清洗工作，删除 103 份问卷，最终获得 469 份有效问卷。然后，针对问卷中的开放式问题“请用 2~3 个词语概况您在该场景中的感受”，按照场感的三种类型（内向场感、与外物相关的外向场感、与他者相关的外向场感）将字符型变量转化为数值型变量，据此进行数据定量分析。具体数据分析结果如下：

（一）内向场感比重较大并且随年龄段的提升呈明显下降趋势

从数据分析的结果来看，内向场感所占比重最大，其次为与外物相关的外向场感，而与他者相关的外向场感则与前两者差距悬殊。这三类场感的被选次数分别占所有被选选项总次数的 73.8%、39.2% 和 5.5%（见表 4–3）。也就是说，更多的旅游者倾向于从自身体验的角度出发去评价旅游场片段给他带来的感受。

① 天空之城 . 2013 长白山（1）出行前二三事（攻略）. 马蜂窝，http://www.mafengwo.cn/i/1364493.html.

表 4–3　场感类型分布

		回答数		被选次数百分比
		被选次数	回答者百分比	
场感类型	内向场感（与旅游者自身相关）	346	62.2%	73.8%
	外向场感（与外物相关）	184	33.1%	39.2%
	外向场感（与他者相关）	26	4.7%	5.5%
总计		556	100.0%	118.6%

另外，从数据中发现，场感类型随年龄变化而呈现出一定的规律性变化（见表 4–4）。在 40 岁以下的被调查者中，每一年龄段中内向场感的数量都要比外向场感的数量多出一倍左右。但随着年龄的增长，在 40 岁以上的各年龄段中，内向场感比重明显下降，而外向场感比重明显上升，二者基本在数量上持平。这意味着在被调查者中，内向场感所占比重随年龄段的提升明显下降，而外向场感所占比重随年龄段的提升明显增加。

表 4–4　场感类型与年龄的交叉分析

		场感类型			总计
		内向场感（与旅游者自身相关）	外向场感（与外物相关）	外向场感（与他者相关）	
年龄	18 岁以下	2	1	0	2
	18~24 岁	68	26	6	85
	25~30 岁	87	30	4	105
	31~40 岁	119	63	7	157
	41~50 岁	50	41	2	80
	51~60 岁	19	20	6	36
	61~70 岁	1	2	1	3
总　计		346	183	26	468

（二）身体及景观相关的因素对获取场感最重要

调查问卷中，还设计了一个场感影响因素重要程度的五级李克特量表，将重要程度区分为五级，分别为“非常重要”“比较重要”“一般”“比较不重要”“非常不重要”，并按重要程度从高到低分别赋值 5、4、3、2、1。变量的数值越高，意味着重要程度越高。从各影响因素的平均值来看（如表 4–5），“视觉感受”“当时的心情”“亲身参与”“景观的品质”“听觉感受”平均值较高，它们是影响场感最主要的因素。其次为“身体动觉感受”“游览过程的安排”“游览时间的安排”“触觉感受”，这些因素的平均值大于 4，是影响场感比较重要的因素。上述重要程度比较高的因素大体可划分为三类：第一类是旅游者感官体验及心情，第二类是景观品质，第三类是旅行安排设计。其中，与旅游者身体及景观相关的因素对获取场感最重要。

表 4–5　内向、外向场感影响因素重要程度独立样本 T 检验结果

	场感分类	N	Mean	T	Sig.（2–tailed）
拍照设备	内向场感	267	3.58	–1.259	0.209
	外向场感	123	3.73		
能营造氛围的物品	内向场感	267	3.74	2.278	0.023
	外向场感	123	3.47		
与当地人接触	内向场感	267	3.51	–0.621	0.535
	外向场感	123	3.58		
他人的穿着打扮	内向场感	267	2.91	–0.076	0.939
	外向场感	123	2.92		
自己的穿着打扮	内向场感	267	3.33	0.474	0.636
	外向场感	123	3.28		
同行游客的行为	内向场感	267	3.84	–0.377	0.706
	外向场感	123	3.88		

续表

	场感分类	N	Mean	T	Sig.（2-tailed）
其他非同行游客的行为	内向场感	267	3.30	-0.553	0.580
	外向场感	123	3.36		
亲身参与	内向场感	267	4.50	3.779	0.000
	外向场感	123	4.20		
视觉感受	内向场感	267	4.58	1.351	0.178
	外向场感	123	4.47		
听觉感受	内向场感	267	4.45	2.450	0.015
	外向场感	123	4.23		
触觉感受	内向场感	267	4.17	1.600	0.110
	外向场感	123	4.01		
味觉感受	内向场感	267	3.87	0.359	0.720
	外向场感	123	3.83		
嗅觉感受	内向场感	267	3.87	0.306	0.760
	外向场感	123	3.84		
身体动觉感受	内向场感	267	4.25	1.854	0.065
	外向场感	123	4.07		
当时的心情	内向场感	267	4.57	0.878	0.380
	外向场感	123	4.50		
事先对旅游地的了解	内向场感	267	3.9	0.166	0.868
	外向场感	123	3.88		
他人提供的服务	内向场感	267	3.99	0.954	0.341
	外向场感	123	3.89		
景观的品质	内向场感	267	4.44	0.447	0.655
	外向场感	123	4.41		

续表

	场感分类	N	Mean	T	Sig.（2-tailed）
导游或专家讲解	内向场感	267	3.64	-1.264	0.207
	外向场感	123	3.78		
现场解说文字或影像	内向场感	267	3.66	-0.106	0.916
	外向场感	123	3.67		
游览时间的安排	内向场感	267	4.13	-0.353	0.725
	外向场感	123	4.16		
游览过程的安排	内向场感	267	4.14	-0.357	0.721
	外向场感	123	4.17		

（三）内向场感、外向场感对于“亲身参与”因素的重要性评价差别最大

为了探究这些因素对于获取内向场感、外向场感是否存在差异，我们针对仅获得内向场感和外向场感的样本进行了独立样本T检验，结果见表4-5。在量表列出的22个因素中，双尾显著性水平的p值小于0.05的因素有“亲身参与”（p=0）、“听觉感受”（p=0.015）以及“能营造氛围的物品”（p=0.023），表明获得内向场感的被调查者和获得外向场感的被调查者对于这三个因素重要程度的评价存在显著差异。其中，重要程度评价差别最大的因素是“亲身参与”，获得内向场感的被调查者对这一因素的重要性评价要明显高于获得外向场感的被调查者。此外，获得内向场感的被调查者对于“听觉感受”和“能营造氛围的物品”的重要性评价也要明显高于获得外向场感的被调查者。

（四）内向场感对身体相关因素的重要性评价普遍高于外向场感

就与旅游者身体相关的因素而言，内向场感对身体相关因素的重要

性评价要普遍高于外向场感（如图 4–6）。这一结果与直觉相符，也就是说，那些从自身角度出发去评价旅游场的旅游者认为亲身参与、心情以及感官因素对于场感具有重要作用。其中，无论对于获得内向场感还是外向场感的被调查者来说，“当时的心情”和“视觉感受”都是最重要的因素，而且感官的重要程度依次为视觉、听觉、动觉和触觉，味觉和嗅觉的重要程度在各感官中最低，且二者的重要程度几乎无差别。

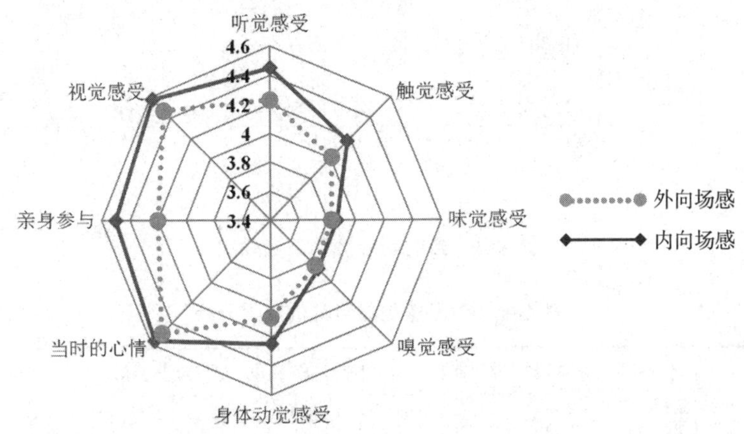

图 4–6　内向、外向场感对旅游者身体相关因素的重要程度评价

（五）时间感主要与旅游者自身生命历程相关联

在场片段中，旅游者可能会获得多种时间感受。从调查数据来看，时间感受突出表现在“关注当下”和“想到自己的未来”，其次为“回想起自己的旧时光”“想到自己的现在”“感受多个年代共存”“感受到古今对比”，而选择“穿越到未来”的频次则最少（如图 4–7）。总体来看，旅游者在旅游场中所感受到的时间更多地与自己的生命历程联系在一起。如果从各年龄段来看，51~60 岁的被调查者“回想起自己的旧时光”和“关注当下”的比重要比其他年龄段小，而是更多地感受到不同的历史时代（见表 4–6）。有关旅游场的时间感受我们将在下一章中详细探讨。

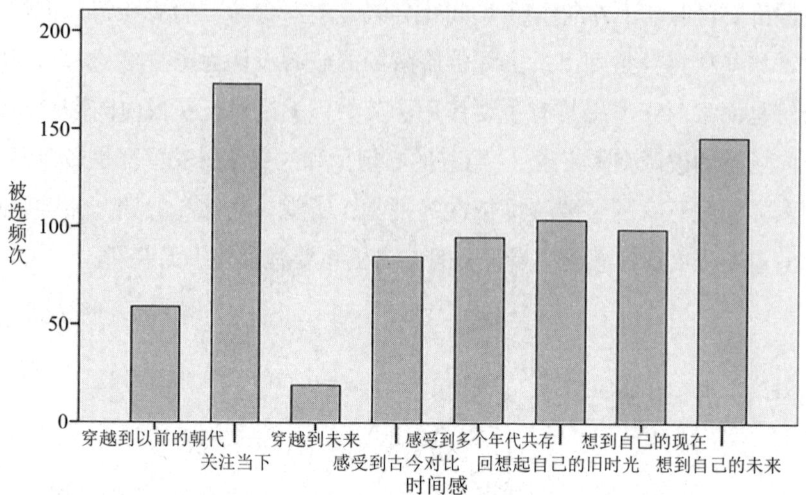

图 4-7　各时间感选项被选频次

表 4-6　时间感受与年龄的交叉分析

	18 岁以下		18~24 岁		25~30 岁		31~40 岁		41~50 岁		51~60 岁		61~70 岁		70 岁以上	
	频次	%	频次	%	频次	%	频次	%	频次	%	频次	%	频次	%	频次	%
穿越到以前的朝代	0	0.0	14	8.0	8	4.8	16	7.1	12	9.0	8	11.8	0	0.0	1	25.0
关注当下	1	14.3	36	20.7	28	17.0	66	29.2	31	23.3	9	13.2	1	33.3	1	25.0
穿越到未来	0	0.0	2	1.1	4	2.4	2	0.9	6	4.5	5	7.4	0	0.0	0	0.0
感受到古今对比	1	14.3	20	11.5	17	10.3	20	8.8	16	12.0	9	13.2	1	33.3	1	25.0
感受到多个年代共存	1	14.3	21	12.1	19	11.5	30	13.3	13	9.8	10	14.7	0	0.0	1	25.0
回想起自己的旧时光	1	14.3	28	16.1	25	15.2	26	11.5	19	14.3	4	5.9	1	33.3	0	0.0
想到自己的现在	1	14.3	22	12.6	24	14.5	28	12.4	14	10.5	10	14.7	0	0.0	0	0.0
想到自己的未来	2	28.6	31	17.8	40	24.2	38	16.8	22	16.5	13	19.1	0	0.0	0	0.0

大量的时间首先是以记忆的对话、经验以及参与而存在；如此激活时间，就能够使图像在有思想的观众眼前经过，并且深深地进入他的心灵，甚至身体。

——A. 阿克里斯

第五章　旅游场片段的时间特征

时间是空间体验涉及的一个重要维度。在旅游场这个现象空间中，时间不单单是计时器上指示的数值，更重要的，它是旅游者身体与物质空间交互过程中感受到的时间。对于旅游场片段的时间特征，我们可以从时间指向和时间速度两个层面进行解析。

一、旅游场片段的时间指向

表 5–1　旅游场片段时间指向的获取通道

	← 过去——现在——未来 →
个体经验	童年、少年、青年、中年、老年 幼儿园时期、小学时期、中学时期、大学时期、工作时期、退休时期 婚前、婚后 与个体生命相关的其他参照时间（如姐姐出嫁的时候） ……
集体经验	古代、近代、现代、未来 过去年代、现今、未来年代 中华人民共和国成立前、中华人民共和国成立后 二十四节气、四季 ……

在旅游场中，时间是通过空间得以体现的，可表现为具有某种指向的时间。旅游场的时间指向蕴含着多种可能，它并不取决于物质空间的

个别要素，而是取决于旅游者与旅游地建立了怎样的关联以及出场时选取了哪条通道。

旅游者用身体去感知物质空间，并由此建立起与物质空间的关联。在二者交互作用的过程中，时间可以经由两种不同的通道出场：一是旅游者的个体经验，沿着这条通道时间指向旅游者生命历程的不同时期或与旅游者个体相关的其他参照时间；二是集体经验，沿着这条通道时间指向集体认同的与社会历史文化相关的时间（见表 5–1）。有时，某一条通道会成为主干道，凸显出经由该通道而获得的时间指向；有时，两条通道会共同给出时间指向，甚至两条通道交织在一起，个体隐匿于集体洪流中，分不清是世界的还是自己的。我们从下面几段游记中来体会一下旅游场中的时间指向：

下了火车以后，映入眼帘的是颇有历史年代感的火车轨道、斑驳的墙壁以及略带生锈的指示牌。远处的鸣笛声将我的注意力吸引，随之而来的是集装货运火车行驶而过。电线杆错综交杂于天空，天色阴沉，不免显得有些落寞，说不出为什么这火车站有种离别的滋味，或者说它给人一种古老的年代感让人觉得值得回味，而我忍不住拿出手机拍下这一幕。来往的人群只是急忙地提着大件小件的行李离去，留下我在车站静候徘徊。[①]

在这个例子中，火车轨道、墙壁、指示牌、鸣笛声、电线杆成为焦点，它们都“颇有历史年代感”，是属于某个时代的物件。经由集体经验这一通道，旅游者体验到这些空间要素蕴含的时间指向是过去。让我们再来看一个经由个体经验获得时间指向的例子：

约了两个朋友，在这个姗姗来迟的春天一起去了趟上海迪士尼。都是生于 20 世纪 80 年代中期过了 30 岁的人了，却对游乐园这件事兴致勃勃，大概是迪士尼里的童年回忆太多，以至于它是国内唯一一个值得你奔赴另一个城市专门为此而来的游乐场。

事实上，除了创极速光轮足够刺激以外，迪士尼的设施并不比任何一

① 小肥颖儿，“蝉游记”网站游记，http://chanyouji.com/trips/536403.

个国内游乐园更先进。它所擅长的是营造氛围，唤醒你的童年记忆，产生情感共鸣和想象力。所有的细节都在拉动你的情感，从入园的一刹那童年的回忆扑面而来。每项游乐项目也不是简单粗暴的科技或者刺激，而是从排队区开始，就用整体氛围逐步烘托，直到体验的瞬间达到小高潮。

七个小矮人矿山车就是很普通的低配版过山车，但是当开进隧道有小矮人在挖矿时，你的童年记忆掉了一地；疯狂旋转蜂蜜罐就是旋转杯，但是做得非常精巧，各种小熊维尼和蜂蜜元素在里面，让你就是觉得转起来比普通游乐园的旋转杯要快乐；幻想曲旋转木马就是普通的旋转木马，但是音乐响起灯光亮起，它变得就像梦境入口一样闪耀。①

有时，时间指向会通过个体经验和集体经验两个通道出场。下面的例子中，从集体经验的角度来看，雅典神殿蕴含的时间指向是公元前5世纪。与此同时，从个体经验的角度来看，神殿还蕴含着童年时光。这两个时间都指向过去，却存在个体层次和集体层次的差别：

……那些从少年时代就刻印在记忆中的神殿，那华丽的石柱、神秘的力场、庄严的格局，像磁石一样，吸引我长大后向它靠近。

这是公元前5世纪古希腊人为海神波塞冬修建的神殿，也是唯一一座矗立在爱琴海边的神殿。……

在石柱基座上凌乱地刻着许多"到此一游"的签名。看到一个"1888"的字样，应该是某人刻在100多年前的纪念。……

……90年代，《圣斗士星矢》传到中国，希腊的神殿作为这套漫画中唯一有形的物质存在，让无数中国孩子对那神秘所在心神向往。21世纪初，那千万孩子中的一个在长大后背包来到希腊，来到苏尼恩，终于见到那在心中华丽了很久、神秘了很久也庄严了很久的神殿，他终于热泪盈眶（小鹏，2010，P34–36）。

接下来，我们从物质空间、身体空间和关系空间三个层面去探讨旅游场的时间指向。

① 谭不爽.迪士尼乐园的童真梦境. http://m.lifeweek.com.cn/m/shareArticle.do?id=1140&winzoom=1.

（一）物质空间的时间指向

我们考察一下旅游地物质空间中的时间指向。物质空间是历史积淀而成的空间，是“各种各样的事情都在那里发生的地方，是一个将人类集团统合在一起的地方”（香山寿夫，2006）。其中，不同历史时期相互叠加、不同历史事件彼此共存，物质空间的丰富使其蕴含多种时间指向的可能性。旅游者与物质空间相遇，仅能感知到其中的一部分要素。也就是说，物质空间中只有那些与旅游者建立起关联的部分，其时间指向才有可能与旅游者对接。物质空间的时间指向可较为粗略地划分为过去时代、现今和未来时代，或者也可以按历史时期或年代进行区分，如分为古代、近代、现代、未来或是更为具体的年代。而当物质空间的时间指向不能与某个历史时代相联结时，它可能会与个人经验取得联系，而指向与个体生命相关的其他参照时间。

“物体可以让时间停泊”（段义孚，2017），物质空间中的旧地图、家书、石头、古树、老宅、街道、雕塑、山峰、河流、划船的渔夫、弹奏的艺人、古代装束的服务人员、某段旋律、某种色彩都存储着时间的信息。阿兰·德波顿（2004）曾这样描述自己的感受：

雾气弥漫的夜晚，犹如某种气味，将我们带回到我们曾经经历过的，有着相同气息的其他时刻。我想起了在大学的夜晚，沿着灯光下的运动场走回住所；想起了那时的生活与现在的生活之间的区别，那些曾经困扰我的各种困境和失落让我产生了一种苦乐交集的伤感（阿兰·德波顿，2004，P229）。

在某些物质空间中，时间指向较为明确。“即使门外汉也能大致判断出建筑物的年头。知道一处维多利亚时代的宅第与一处当代的低矮的平房之间的区别，知道一座旧城与一座新城之间的区别。当走进一座旧城时，旅游者会感觉到时光倒流。”（段义孚，2017）类似地，“有城墙的城市、拱形石桥、山水园林、佛塔、凉亭都能营造一种古老和永恒的氛围”（段义孚，2017）。故宫就是这样一个典型代表，会让人感受到过去的历史：

故宫博物院，这座已经有两百多年历史的皇家园林，保存得十分完好。走入其中，跟随着这些亭台楼阁仿佛回到了那个封建礼教的年代。走在这已经斑驳的路上，抚摸着已经掉色的窗棂，想象着至高无上的皇帝，还有身份卑微的宫女、太监。真想穿越时空，看个究竟！①

安道尔城的古堡也是一个具有过去时间指向的物质空间：

爬上高地，穿过一条狭窄的小巷，古堡便出现在眼前。我迈开腿，用双脚感受着那凹凸不平的石板路；我低下身，品尝着路边老式饮水器里流淌出来的泉水；我抬起头，仰望着古堡上生满铁锈的十字架；我伸出手，轻叩着被岁月雕琢得异常光滑的木门……在这短短的几分钟内，我仿佛被带到了几百年前的欧洲小镇——安道尔城绝对是个能让你陶醉其中的地方（孤独川陵，2013，P107）。

有些物质空间虽然是第一次与旅游者相遇，却会让人有一种似曾相识的感觉。贺佳梅（2014）走在日本神户的市区时就被带回到儿时：

走在这样的市区里，常常会唤起我一种奇异的乡愁，一份晦暗不明的关于儿时记忆的某些感觉和情绪的余味。但是，瞬间我便意识到这种感觉是多么不可靠。

……

我再一次体会到一种熟悉而陌生的感觉，好像你熟悉的却属于过去的某种东西，在这异国的土地上以空间的方式出现在眼前。你借助这些陌生的空间，回到了过去的某个时期的感

图 5-1　看不到尽头的路延伸至远方，让人感受到未来

① 七月的百合，“蝉游记”网站游记，http://chanyouji.com/trips/589373.

觉和情绪之中（贺桂梅，2014，P14）。

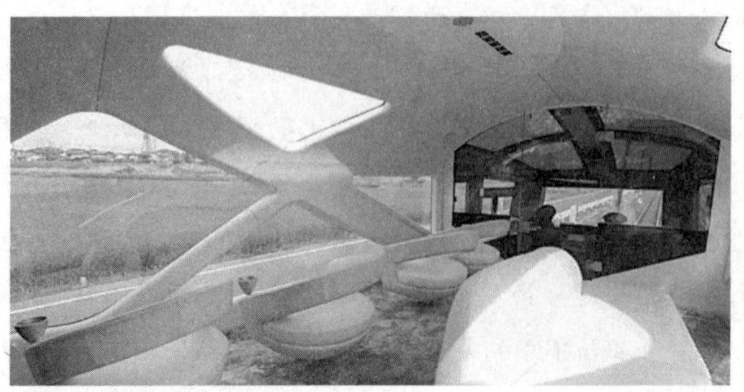

图 5–2　日本一家铁路公司推出的一种新型豪华卧铺列车，其观景车厢未来感十足

图 5–3　日本·京都 9H 胶囊旅馆

具有未来指向的物质空间似乎要比古老的所在更为少见。那些具有超现代感的建筑、海上日出、透出光亮的隧道、望不到尽头的公路（如图 5–1）、类似科幻电影里的场景、高科技打造的场所都能让人感受到未来的讯息（如图 5–2）。如今在背包客、创意族、时尚年轻人中流行的“胶囊旅馆”就因其太空舱式的设计而具有强烈的未来感（如图 5–3）。旅游者“Xr”在哥本哈根游览时遇见了这样一栋具有未来感的居民建筑。“Xr”说它像一座庞大的山坡上的建筑群，被绿植覆盖，有一种未来的感觉（如图 5–4）。这是她第一次见到这种具有未来感的建筑，感到很兴奋。此外，未来有时也会从古老的事物中出现，人们通过那些老旧的物件、老朽的生物会反观自己的未来，就像“小木偶走天涯”在游记所讲的：

洱海里有很多已经枯死的树，水中站成百年孤独的模样。我在想等我老到牙齿掉光了的时候，会不会也是这样妖娆，哈哈哈哈～[①]

① 小木偶走天涯.感觉时间静止了——彩云之南 15 日小木偶走天涯.马蜂窝，http://www.mafengwo.cn/i/3035482.html.

图 5-4 给人以未来感的建筑

但有些物质空间的人或物并不具有明确的时间指向。很多自然风景就是如此。虽然自然风景要比人造景观存在的时间更久远，但由于“风景并不能清晰地表达故事情节，它指向过去阶段的遗迹的作用并不显著”（段义孚，2017）。普通人不会像地理学家那样了解地质地貌形成的时间，对于缺少集体经验标签的物质空间，时间有时会经由个体经验通道给人们以指向。

设想一下，旅游者来到一片自然风光迷人而人文色彩寡淡的草原，由于那里没有明显的历史痕迹，所以很难像呼伦贝尔草原那样，让人回想起成吉思汗和元朝那段历史。那么，这一片在集体经验层面并不具有明确时间指向的草原很可能会让旅游者与自己的生命历程联系在一起。作者曾在前往瑞士的途中路过德国南部阿尔卑斯山下的一个小村庄（如图 5-5），那里一望无际的绿色草原、塔状的松树、木质的小屋让作者回忆起童年时十分喜爱的一部动画片《阿尔卑斯山的少女》。片中那个善良、可爱的小女孩总是欢快地奔跑在绿色的草原上，累了就躺在野花中，眼望蓝天白云好不惬意。那片草原让作者不禁怀起旧来，索性像动画片的小女孩一样躺在草地上，仿佛回到了童年时光。当然，这样和谐宁静的自然景观更有可能让人专注于当下，而忽略时间的存在。

图 5-5 德国南部的阿尔卑斯山

（二）身体空间的时间指向

我们来考察一下身体空间的时间指向。与物质空间类似，身体空间的时间指向也体现为个体经验层面的时间指向和集体经验层面的时间指向。

从个体经验层面来看，那些与个体生命历程相关的装束和行为习惯会将时间指向个人的过去；而与现在的自己相符的服饰和行为习惯则指向现在的自己，让旅游者无法察觉个体经验层面的时间变化；而按照未来自己的样子去装扮或行事则会让时间指向自己的未来。我们分别来看几个例子。

在第一个例子中，时间指向了个体生命历程中的旧时光。一则名为《给精力旺盛旅行者重返童年的旅行建议》的网络文章建议精力旺盛的旅行者在旅行中实现自己儿时的想法：

无论是像美人鱼一样潜入海底，还是觉得自己是掌握隐身术的忍者战士，这些儿时狂野的想法，或许可以在大千世界的旅行中成真。史诗级的冒险旅程等着你，不仅一秒就可以让你回到久违的孩提时代，还可以与自我完善的驱动力相结合，拓宽了舒适圈的同时挑战了自己。

穿上美人鱼套装跳进夏威夷大岛上令人惊叹的科纳水域，在白色沙滩，充满活力的珊瑚礁花园和戏剧性的熔岩洞穴拍一组人鱼照。[①]

① 给精力旺盛旅行者重返童年的旅行建议 . 安徽网 – 滁州新闻 . http://chuzhou.ahwang.cn/travels/2017/0714/1657502.shtml.

从下面的照片（如图 5–6）可以看到，旅游者装扮成美人鱼的样子，潜游海底，做那些年少时想要做的事情，使自己成为儿时所熟悉的虚构人物，身体空间的时间明显指向了童年。

图 5–6　穿上美人鱼套装重返孩提时代

在第二个例子中，“游游走走的鱼”撰写了一篇《穿着妈妈的裙子穿越上海滩》的游记。“游游走走的鱼”穿着妈妈的裙子行走在上海影视城里老上海风情浓郁的街道上，裙子上半部分是镂空花纹编织的立领上衣，下半部分是一件 H 形长裙。这件母亲曾经穿过的裙子把她带回到了旧时光。①

在第三个例子中，“HAPPY 夏小萱”在游记中讨论了服装道具的重要性，她认为“每次出游前准备新衣服是必不可少的功课，如果每次去不同的国家却穿着同样的衣服，或是度假穿着上班的衣服，那么在我这里将被视为‘不完美的旅行’”。她还讲述了自己出游日本的原因：“在游记开始之前，先说说此次旅行的由来。肉圆子 8 月到日本培训，回国的时候给我带了很多礼物，其中有那么一件让我兴奋不已。有没有人可以猜到是什么啊，嘿嘿，没错！就是极具当地特色的日本学生服（不是重口味的制服系列哦，是当地学生在校穿的校服）。不得不给他一个大大的赞，这个礼物正中我的要害，从小到大一直心心念念的校服梦（趁

① 游游走走的鱼. 穿着妈妈的裙子穿越上海滩. 马蜂窝, http://www.mafengwo.cn/i/903886.html?static_url=true.

着年纪还没有很大，也厚着脸皮装嫩一把，好心的朋友们千万不要吐槽）。”[①] 穿上校服的她，圆了儿时的梦想，仿佛自己变嫩了，成为一名高中女生。对“HAPPY 夏小萱”来说，旅游中的她一定要穿得和平时不一样才有可能获得完美的体验，否则和日常状态无异。但对“Wendy 就是小萱萱”而言，穿上与当前身份相符的学士服去旅行，恰恰是为了纪念刚刚获得学位的自己。[②]

第四个例子让我们来看看身体空间的时间如何指向个人经验层面的未来。我们有时会借助服饰和行为通往自己的未来。衣橱管理专家颇为精通这一点，他们告诉顾客“衣服是变幻多端的斗篷，有着象征性的力量。这种力量通过两种方式作用于我们，不仅深深影响我们的自我感觉，同时也告诉我们陌生人、熟人和所爱之人如何看待我们”（乔治·布雷西亚，2016）。他们让顾客思考这样的问题：“你觉得自己的衣服能够代表现在的生活吗？你希望五年后的你过着什么样的生活？”他们建议顾客“为渴望的生活而穿衣打扮”。简而言之，穿成你未来想要成为的那个样子，你会更靠近自己的未来。

除了服饰之外，还有一些行为会让我们联想到自己的未来，比如错过飞机的时候、在留言墙上写下愿望的时候或是在旅途中给未来的自己写一封信的时候（如图 5–7）。“easygo–杰”在游记《写一封信，给未来的自己！》中讲述了在日本宫崎一家酒店的“发现”：

图 5–7　寄一张明信片给未来的自己

发现了一个酒店独具创意的“邮筒”，分别有三个投信口，住客可以

① HAPPY 夏小萱 . 穿着校服旅行去 . 马蜂窝，http://www.mafengwo.cn/i/2980431.html.

② Wendy 就是小萱萱 . 穿着学士服去旅行（上）——这个峡谷小环线 . 马蜂窝，http://www.mafengwo.cn/i/5520086.html.

在这里制作世界上“Only One”的明信片，然后投入“邮筒”，这个“邮筒”的创意在于左边第一个是专门收“寄给未来的自己”的（若干年后如果你再次来酒店入住的时候，酒店会把之前你写给自己的信还给你）。……

这些明信片怎么写，这里的说明文上都会教你。绝对有创意吧！抱着好奇之心，我也写了一封给未来的自己的信，希望下次来的时候能够对比一下现在的“我”。[①]

从集体经验层面来看，身体空间中那些带有历史时间符号的服饰和行为会让人感受到不同的时代（图 5-8 至图 5-10）。很多历史人文景区里都设有为旅游者提供穿古装衣服拍照的店铺（如图 5-8），但这种方式只能让旅游者在拍照过程中短暂体验到时间指向过去，并不能获得沉浸式体验。为了提升体验品质，有些旅游服务企业改进了做法，让旅游者在整个游览过程中都穿戴与景区相关年代的服饰或做一些具有时间指向的事情（如图 5-9）。例如，在开封清明上河园等景区，游客可以参与民俗婚嫁互动表演，那些接到新娘抛出的绣球的男性游客，可穿上喜服，全程体验接新娘子、饮交杯酒等古代婚俗礼仪。类似地，图 5-9 中近 500 名游客身穿军装，打着绑腿，扛着大刀，挥动军旗，依照连队编号行进在赤水河畔滨江步道，重温长征路。另外，乘坐旧式交通工具也会让人体验到过去。就像“王小蘑”在游记中

图 5-8　西安兵马俑景区内拍古装照的游客

图 5-9　旅游者身穿军装游览赤水

① easygo-杰.写一封信，给未来的自己！.马蜂窝，http://www.mafengwo.cn/i/6501056.html.

所讲述的那样，“骑马穿梭在山林间，有种穿越时空之感”[①]。虽然马这种动物并不必然与古老相关，但对于习惯现代交通工具的人而言，骑马前行中身体所体验到的节奏和速度会带有一种“从前慢”的味道。

身体空间的时间指向当前时代的情况较为普遍。旅游者的惯习就带有这样的时间指向，“惯习是在人们的社会位置的背景框架中形成的”（克里斯·希林，2010）。艾丹瑟（2001）认为，旅游者的行为既包含有对日常规范的破坏，也包含有不加反思的臆断和习惯。而当那些不加反思的臆断和习惯出现在另外一个地域时，往往会突显出来。在这些与传统碰撞的地方，可能会出现表演的协商，产生对惯习表演的反思。在访谈中，“mdm–qinyu”讲述了她在日本时的感受：

咱们的言谈举止和日本人还是不一样，日本女人都是化妆的，很精致的妆容，特别好看。那种妆容，那种表情，细微的地方，给人感觉特别舒服（受访者：mdm–qinyu）。

从这段交谈中，我们可以了解到在“mdm–qinyu”的生活世界里，平日是不化浓妆的，而且这也是她周围女性的一个普遍现象，是一种现状，但这与日本的现状不同。“mdm–qinyu”通过对比反观自己，更清楚地意识到这一现状。那些附属在我们身体上的香水、墨镜、品牌、语言、姿势等都具有这种时间指向。“绚丽奢华的衣着、帽饰、化妆与假发都被视为自有其独立的意味，与社会地位不可分离，展演着社会地位”（克里斯·希林，2010）。

图 5–10　穿着汉服游览老街的游客

如果要想通过身体空间获得未来感，那么恐怕离不开高科技、科幻和太空元素。一些智能穿戴设备以及虚拟现实服装

① 王小蘑．解锁西安的新方式，穿着汉服穿越回长安．马蜂窝，http://www.mafengwo.cn/i/6638594.html.

会给人以未来感。而且，科技的发展使人类身体掌控机器的方式不断发生变化，如今借助手势人们无需触碰按钮就能完成操控机器。这些肢体动作带有明显的时代印记。在太空体验馆中，人们可以体验太空遨游的乐趣，处在失重状态下的身体改变了行为方式，这种漫步"太空"所独有的姿势动作总是与未来世界联系在一起。但真实的太空旅游并不是梦想，为了追寻更具未来感的体验，少数人已经开始尝试太空旅游。

（三）关系空间中的时间指向

在关系空间中，旅游者与旅游地建立起多种关联，并由此生成多种时间指向。这些时间指向主要以单向时间、双时并置和多时混置三种形式存在于关系空间。

1. 单向时间

在单向时间中，所有时间指向基本趋向同一时间，旅游者因而感受到较为明确而又单一的时间指向。具有这种时间存在形式的关系空间多半出现在艾丹瑟（2000）所说的"飞地型空间"。这种飞地型空间是精心设计、界限清晰的空间。什么样的活动可以出现，什么样的人允许入内都在管制和监督之下，一切可能会令人不悦的景观、声音和气味，一切碍眼之物都被屏蔽在飞地界线之外。主题公园和主题度假酒店就是典型的飞地型空间，例如，杭州的宋城景区。从该景区的广告语"给我一天，还你千年"就可以感受到非常明确的单向性时间指向（如图 5-11）。为了确保单向时间指向，该景区还规定所有进入景区的游客都要穿古装，并"为游客免费提供数万套古装，不穿古装不得入园，中途脱下古装者将被衙役'押

图 5-11　景区内身穿古装的工作人员

送’至衙门。如不愿穿古装或中途脱下者，谢绝购票”[①]。“大山的孩子”在游记中这样描述宋城：

我回大宋，恍如隔世，给我一天，还你千年。诚如时光沙漏，我们谁也无法回到过去，但，来宋城就可以。凭着每个人的努力，依然可以创造历史，共同演绎千年前大宋的这一天，共同创造一个奇迹。时光如金沙，颗颗滑落的同时，时间也在往前推移，于是乎，穿越之门就此打开了……

走进宋城，就发现了城里的房屋全是仿古建筑，最显著的特色是两边房檐高高翘起，像鸟的翅膀；街上走着的大多是穿着古代样式衣服的人，有的光着膀子，系条黑腰带，那是打擂台的，有的穿着长长的裙服，系条彩色腰带，那是逛花街的姑娘，有的磨石磨的老妇人穿着素色的便装，方便干活……

将自己置身于宋城中，每一位游客都是宋代生活画卷里的主角，成为骑驴的游子，踏春的仕女，奏乐的歌姬，赶考的书生，柳永的粉丝，雄壮的岳家军，金国的细作，诵诗的僧侣，流浪的乞丐，打铁匠等。[②]

图 5-12　景区内时常会出现与周围景物时间指向不一致的标识

但在宋城景区之内，并非所有事物都具有同样的时间指向。“大山的孩子”在一间房屋的顶端敏锐地识别出“星巴克”咖啡店的标识（图 5-12），它显然与周围事物的时间指向不一致，会有一种“穿帮”的感觉，但因其

① 鱼丸说.［宋城］玩穿越，我是认真的（穿古装、逛市井、抢绣球、看千古情）.马蜂窝，http://www.mafengwo.cn/i/6828233.html.

② 大山的孩子.用一天的时间穿越宋城的古与今.马蜂窝，http://www.mafengwo.cn/i/6930608.html.

作用力较弱，并未对“大山的孩子”产生较大的负面影响，只是让其感到出乎意料并一笑而过——“宋城景区还有星巴克呢，真的是与时俱进！”在这里，旅游场所表现出的单向时间并非指所有旅游者感知到的事物都具有同样的时间指向，而是多个时间指向综合作用之后所表现出的单向性。由于旅游场是持续变化的过程，因此一旦旅游者移动尺度较大，突破了景区界限，那么这种单向时间就很难得以维系了。扬·阿思曼（2006）的描述让我们看到，即便在拥有众多古迹的罗马，旅游者所感受到的也未必是单向时间：

罗马不仅由一个庞大的露天博物馆（在发掘原址保存和展出发掘出来的古代居民点遗迹）组成，过去的事情在这个露天博物馆中得以保存和展出，而且罗马也是由一种无法解开的互在其中组成：新旧互在其中，新建和掩埋互在其中，重新使用和排除在外互在其中（扬·阿思曼，2006，P51）。

2. 双时并置

再来探讨一下双时并置的旅游场。在这类旅游场中，旅游者感受到两种不同时间指向的共存。通过两种时间指向的对比，物质空间的特征得以凸显，旅游者在更大范围内的时间运动变化中获得了体悟。很多到过西安古城墙的游客都体验到了这种过去和现代双时并置的场景（如图 5–13）：

图 5–13　西安古城墙外高楼大厦林立

西安古城墙，一段久远的记忆。走近这一段长长的古城墙，就是走近了那长长的历史，不必多言语，只需用心去感受。到达的时候已是黄昏，太阳已经隐去了夺目的光辉，发出柔和的霞光，映衬着古城墙，仿佛在诉说。不一会儿，城墙的灯光亮起。点亮了一串串的红色灯笼，点亮了凹字形的城墙边缘，也点亮了各个城门。……一路看去，城墙的内侧都是传统的瓦片屋檐，外侧都是现代的长方体大厦，那种氛围让人穿越千年，一堵城墙分隔了城里与城外，传统与现代。行走在城墙上，左边与右边，两重天地，泾渭分明。[①]

西安是一个悠久历史文化与现代化发展并存的城市，但它的浓郁历史气息与现代化气息并不冲突，更可以说两者互相融合给这个城市带来了不一样的特色。我去了碑林、大小雁塔、芙蓉园、兵马俑、钟楼、鼓楼、城墙等地，但给我留下深刻印象的并不是举世闻名的兵马俑，而是下午四点左右的城墙之上的风景。落日的余晖与城墙下车水马龙的现象，古色古香中带着现代化气息，站在城墙之上欣赏下班时西安的美景，更让我痴迷于这座城市（受访者：44gz）。

“NotKevin”也在这种过去和现代双时并置中体味到菲律宾巴拉望独具特色的气质：

我正惊奇于这些牧场岛民的原始生活，以及沉醉在这远离现代文明的奇妙氛围中，然而车里突然响起的LADY GAGA最新单曲和超强冷气把我迅速拉回现实。原始和现代，仅一窗之隔，这就是耐人寻味的巴拉望。[②]

孤独川陵（2013）在葡萄牙里斯本老城区旅游时，感受到这里的“时光交错”。过去和现在交错在一起，让她仿佛在“穿越时空”：

商业广场周围的房子大多都拥有百年以上的历史，因此，来里斯本一定要去商业广场走一走，过去和现在会交错着出现在你面前。走在铺满石块、凹凸不平的路上，路边糕点店的陈年木架上售卖着香味扑鼻的传统点心，间或能遇到那么一两间现代快餐店，它们好像在提醒着你：现在已经是21世纪了。穿着黑色制服的司机摇晃着铃铛，驾驶着老式有轨电车从你面前缓缓驶过，电车后面是一辆流线型跑车。钟塔准时敲

① 幽谷晚风.穿越千年的长安之旅.马蜂窝，http://www.mafengwo.cn/i/6866912.html.

② NotKevin.变成鱼，游潜在巴拉望的炽烈蓝色里.马蜂窝，http://www.mafengwo.cn/i/7064729.html.

打着钟点，高高悬挂的电子钟时刻为你提供最准确的时间……这简直是穿越时空的漫步（孤独川陵，2013，P113）。

3. 多时混置

最后来探讨一下多时混置的旅游场。在这样的场中，旅游者所体验到的不同时间指向相互作用的结果并未呈现出单向时间或双时并置的情形，而是仍然存在多个不同的时间指向。一位网友以《过年奇葩旅，一个上天入地的庙》[①] 为题描述了他和家人去成山头福文化区游览的感受。在那里，他感受到不同时间指向混杂在一起而无法相互调和的错乱感（如图 5–14，图 5–15）。

说它是个庙，也不是，因为到最后也没找到庙的名字，只能说是很多大殿的合体。一进门就让人很惊愕，奠定了它不平凡的基础。这个奸臣馆的匾额还很用心地做旧处理，以做设计的眼光来看，这个字体选得也颇为用心啊（图 a）。……里面的雕塑年代跨度之大也让人惊叹不已，见到汪精卫的那一刻我已经意识到这个地方不可小觑（图 b）。……可是下面这个组合我就傻傻看不懂了，还有哪吒的仇敌龙王（图 c）！还集齐了四只！集齐四只多送一个哪吒吗?！下面就是各种大殿了，正常的真的只有进门的一个福禄寿殿，我爸还被道士说走 100 块香油钱……从第二个神殿就开始高能了。从来没见过供炎帝的，这里把上古时期的大王都供了一遍，让我想到春节发红包，落谁都不好，一个都不能少（图 d）。然后是这个……（图 e）一进门我已被数量庞大的雕像震惊了，不仅时间跨度大，时区跨度也好大啊！人多到要分区了啊喂，国际国内区，近代古代区。什么牛顿、爱因斯坦、曹雪芹、马可 · 波罗、孙中山、鲁班、蒲松龄、郑板桥、黄宗羲，波兰的、西班牙的、德国的、日本的……活脱脱补了我的历史课！我好像还看到潘基文了！可惜没拍照！！！

① http://www.zhangzishi.cc/20150225dm.html，“涨姿势”网站。

图 a

图 b

图 c

图 d

图 5-14　游客在成山头福文化区游览时拍摄的照片（一）

这个大殿！放眼国际，绝对是寺庙现代化的典范！！做工精美人物都好生动啊……这里的菩萨也和别人的不一样，骑着个大猫……既然这个庙连潘基文都有，那……没错！它猜中我的心思，因为在下一个圣母集合佛龛里，我看到了……她。（图 f）一瞬间以为自己走错了片场，整个人都凌乱了，好漂亮的壁画……壁画别画这么认真！

你图个啥！！！真的够了！！！！！我以为这就是极限了，但是我又错了！下面这个长廊，才是吐槽能量集中的高峰！这个庙绝对在蔑视其他寺院，这种赤裸裸地炫耀权力，看过雍和宫、天坛、白马寺、莫高窟、布达拉宫的我……在这种旅游景点，我的小心肝第一次颤抖了！

观众请注意，这窗户后面长长的游廊，都密密麻麻摆满了雕像啊（图g）！！！雅典娜只配看门！！！！摩西也就是个打酱油的！！玉皇大帝和西太后只配放在长廊里！！集齐了好几套的罗汉和天王都挤在一块！！！藏传佛教的也来，你加红白度母一块儿三缺一了啊！！！耶稣！！！（图h）耶稣你也凑合凑合洗洗睡吧！我感到眩晕的时候，走在前面的爸爸突然喊了一嗓子：这还有阎王！还有阎王！！有阎王！！！阎王！！！！这到底是什么地方啊！！最后的最后，看到穆罕默德的时候我已经淡定了。

图 e

图 f

图 g

图 h

图 5-15　游客在成山头福文化区游览时拍摄的照片（二）

在这个例子中，旅游场时间指向繁杂多样。物质空间所展现的那些雕塑作品不仅“时间跨度大”，而且“时区跨度也好大”，古今中外的历史人物、传说人物或宗教人物悉数在场，让旅游者目瞪口呆。这种充满跳跃思维、缺少情节铺垫、不符合基本逻辑的呈现方式让旅游者惊诧不已。当然，多时混置并不必然使旅游者产生时空错乱感。这与旅游者对所游览的地点是否存在前期印象相关，我们曾在上一章探讨过相关内容。

二、旅游场片段的时间速度

旅游场中的时间速度是通过身体感受或外物的运动状态获得的。当旅游者感受到外物或身体处于一种相对低度活跃的状态时，往往会感到时间变慢。而当旅游者感受到外物或身体处于一种相对高度活跃的状态时，往往会感到时间变快（图 5–16）。在这里，活跃程度是通过对比察觉到的，包括旅游世界与生活世界的对比以及不同旅游片段之间的对比。

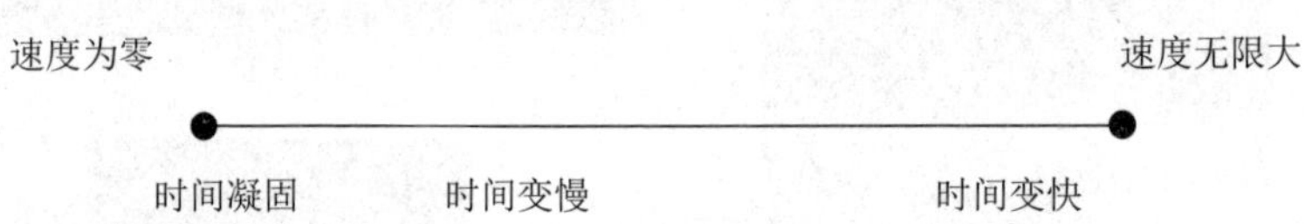

图 5–16　旅游场片段时间速度示意

（一）时间变慢

在那些使旅游者感到时间变慢的物质空间中，旅游者自身和外物的活跃度通常较低。开阔的草原、绵延的群山、缓缓的流水、轻柔的微风、慢悠悠走路的老人……它们就像卷轴画一样展现在旅游者面前，让旅游者感到放松而舒适（如图 5–17）。那些大尺度的或低密度的平行空间就具有这样的功效，它们与现代城市中垂直上升的城市空间所传递出的时间急速感恰恰相反。在这样的空间中，旅游者会察觉时间的微妙变化：

基督城又名“花园之城”，这里到处洋溢着浓厚的英国气息，是英国以外最具英国色彩的城市。这里，十九世纪的典雅建筑比比皆是。下午导游推荐到海德公园转转，公园里到处花团锦簇、草木繁盛，洁净的小路浓浓的林荫，路边的小溪清澈见底，柔软的草坪像绿色的地毯。正巧是一个周末又遇上情人节，一对对情侣躺在草坪上看着书晒着太阳。我们也坐下来小歇一会儿，晒晒我冻透了的脚，看着小鸭子在眼前旁若无人地摇摆，听着小鸟的歌声，感受着清风的抚慰，一切都是那么的自然、和谐。这里的宁静、休闲和浪漫，有一种让时间停止的感觉。①

在这个例子中，旅游者坐在草地上，身体状态是偏静的；物质空间中的事物也是偏静的，情侣躺在草坪上晒太阳，小鸭子慢节奏地摇摆着，小鸟歌声婉转，清风徐徐吹来，身体和外物都处于不活跃的运动状态，这便让旅游者感到时间仿佛放慢了脚步。类似地，下面例子中的旅游者也同样感受到时间变慢了。物质空间中的阳光、木质、绿植营造出温馨的氛围，在这样一个安静的空间里身体处在放松状态，一切都是慢节奏的：

阳光从院子里照进来，安静温馨的感受也带来非常美好的feel，我自己思考和分析了下，ASABA带给我们的这种感受，和它的各个细节的处理是密不可分的，它的木构的东西都非常质朴和精致，这其实也会带给我们一种亲切的感受，在阳光下，木构的材质会带给人一种温暖和心理上的亲近感，而窗外院子里的绿色景观也是这个氛围的重要组成部分，并且一切又是打理得那么自然。

图 5-17　在偏静态的旅游场中游客会感受到时间变慢

……

① 邵华.新西兰一个想让时间停止的地方.旅游杂志社，http://www.lyzz1979.cn/content-10-4072-1.html.

我很喜欢这种光感和氛围，恍惚间，会觉得时间变得缓慢，一切节奏渐渐放慢。包括自己的心情，也会变成慢节奏，在这舒服惬意的环境里，被无微不至地照料着。[①]

在一些老城，旅游者也经常会感受到时间变慢。这种感受不仅仅是因为老城中的旧“物”让人感觉时间停滞不前，还因为老城中的“人”所具有的特质。小鹏（2010，P43–44）在比利时布鲁日感受到街头飘散着中世纪的气息，但他在“陶醉中忽然产生一些疑惑，奇怪，这些建筑、雕塑，意大利的佛罗伦萨一样不少；这些城堡、街道，在英国爱丁堡也随处可以见到，到底是什么让布鲁日把时光留住，依旧保持着中世纪的情调？”疑问产生后，小鹏在布鲁日的街头寻找答案。他看到几个老人——“他们坐在树荫下闲聊，见到如我一样的游客，他们总会微笑，这是对远道而来的客人表示欢迎。我也报以同样的微笑，这是对他们应有的尊敬。”他看到几艘小船——“小船满载游客，在古城狭窄的河道间穿行。船夫戴着硕大的毡帽，哼着自编的小调，曲调和缓悠长，仿佛几百年来就这一个调子。他手中握着长桨，桨叶翻出波浪，波浪掀起涟漪，涟漪层层叠叠又层层扩展，仿佛布鲁日的时光，那么慢那么长”。他看到几辆马车——“其中有匹骏马的蹄子是白色的，额头上的鬃毛也是白色的，除此之外，竟然全黑。驾驶马车的也是风流人物，清一色的比利时姑娘。她们装束统一，黑色的马靴，紧身的马裤，苗条的身材，自信的微笑。马车的速度不快，因为要避让行人，车上的游客似乎也不着急，甘愿听美女讲故事，随便马车带他们到任何地方”。最后，小鹏总结道：“看到这些，我终于明白，留住时光的当然不是那些建筑、雕塑、城堡、街道，时间的力量早晚会让这些静止的风景尘埃落定。可时光的确被留下了，就留在树下老人深深的皱纹里，船夫节奏轻缓的小调里，驾车美女自信的微笑中”。在小鹏所遇到的布鲁日居民身上，他感受到慢节奏的生活状态，这种慢与城市中建筑、街道所

---

① 海中央大村庄.大村LARVI–【漫步日本–北海道+东京】东京、伊豆河口湖–札幌小樽–星野–登别–洞爷湖–支芴湖.马蜂窝，http://www.mafengwo.cn/i/3487990.html.

指向的中世纪时期的特征具有内在一致性，所以会让小鹏感受到强烈的中世纪情调。而佛罗伦萨和爱丁堡物质空间中的物也具有同样的时间指向，但物质空间中的人却不具有这种时间指向，因而未能形成较高强度的单向时间指向。这样我们就可以理解为何很多前往古城的旅游者会因古城商业化气息过重而大失所望。一篇名为"看丽江的幻灭，中国式旅游，最丑的风景是人"[①]的网络文章中所描述的正是这样的情况：

很多年前的丽江并不是这样。犹记第一次去丽江，住在古城里20元一晚的客栈，优雅干净，坐在满是花香的庭院里，让好客的房东拎来几个热水瓶，把水倒在脚盆里，就能泡着脚看书发一天的呆。走在古城的青石板路上，天上有最干净的云，面前有最温暖淳朴的笑容，让人觉得世间最美好最诗意的栖居也不过如此。

第二次去丽江是在8年前，雪山古城依旧，只是客栈和商铺更多，但人却已经不对劲了。门面里晃动着的已是带着贪婪的脸，酒吧的每一瓶啤酒都像一把闪亮的刀，各种翡翠店都像是一张张血盆大口，随时准备让你的钱包大出血。帮忙蛊惑的导游，心怀叵测的各种酒托、景托、游托、车托，充斥在这最圣洁的雪山下，充斥在这最古朴的古城里，像一袭华美的袍上爬满了虱子。

（二）时间凝固

在极端情况下，旅游场会让人有一种时间凝固的体验（如图5-18）。Chen et al.（2017）发现，那些在自然环境中处于冥想式正念（meditative mindfulness）的旅游者会体验到时间凝固。他们没有感受到时间的流动，也不再担心过去和未来，只是单纯地专注于当下。正如该研究中的一位被调查者所描述的那样：

我想看日出。我们去得太早了，所以我们待在那里等了大概两个小

① 新浪网，http://news.sina.com.cn/o/2017-09-15/doc-ifykyfwq7449783.shtml，新浪网 .

时。起初，我还觉得等两个小时会很无聊，但是当我看着繁星点点的夜空时，我感到时间和空间静止了，我几乎连自己都没有注意到。

晨曦（2016）在撒哈拉沙漠也有过类似体验，巧合的是，她当时也是在看夜空中的星星：

躺在沙地上，遥望浩瀚的星空，不时有流星划过天际，在这个小小的星球上看大大的宇宙，不免心生敬畏。如此美丽不凡的夜晚，时间好像在身旁静止了，心里都是宁静与美好，让人一生难忘（晨曦，2016，P153）。

图 5–18　凝视星空会获得时间凝固的体验

另外，当外物处于静止状态时，会让人感到时间凝固。下面这个例子中，当活生生的企鹅站在那里一动不动时，这种动与静的巨大反差让游客感到时间仿佛也静止了：

一只只企鹅双手张开，就那样平行直立在那里，保持相同的姿态，仿佛世界之中只有那一群可爱、纯洁的动物，宁静而平淡的、静静的，那一瞬间触动了我的心。原本在我的心中，万物即便是一片树叶应该都在为了更好地生长而向阳光的方向努力靠近，而这些可爱的生命仿佛时间静止一般，眼神清澈透明（受访者：16yhl）。

（三）时间变快

让人感觉到时间变快的旅游场往往物质空间的动态感较强，旅游者处于相对紧张的状态。在快艇、地铁、高速列车、起飞的飞机或是高层电梯里，我们即便没有着急的事情，也会感到空间的快速转换和时间的急速飞驰。高楼林立的都市，匆匆前行的上班族和一闪而过的汽车，这些快速线性流动的景物会让习惯了较慢生活节奏的人感到时间的急速而逝（如图 5–19）。一位游客[①]这样描述他在美国纽约曼哈顿的感受：

第一次走在曼哈顿的大街上，有一种 shock 的感觉。觉得自己特别渺小，两边大多是 100 多层的高楼大厦。在纽约节奏很快，自动上下的扶梯上，很多人为了更快些，自己也走动着。

在这个例子中，纽约的快节奏是通过高楼、扶梯和行人的动感体现出来的。此外，如果物质空间能够调动旅游者身体的活跃性，那么也会让旅游者感到时间过去得很快：

还有一次我从新疆的喀什到塔县，同样也是三个小时的车程，可眼前的风景一直在变换花样：从赤红色的火焰山到因为掺杂大量矿物质而变成浊绿色的滔滔江水，从打开车窗伸出手臂就能摸到的冰川到三千年不倒又三千年不朽的胡杨林。后来汽车直接开上一条冰湖上的小路，路面被湖水浅浅地漫过，朝下看时，到处都是“镜子”，就像开进了梦里。抵达时几乎所有人都不满意，怎么那么快就到了，我们都还没看够呢（小鹏，2012，P39）！

图 5–19　飞驰而过会让人感觉时间变快

“眼前的风景一直在变换花样”意味着物质空间中充满了让旅游者目不暇接的新事物，因此旅游者身体一直处于较为兴奋的状态，在这种意犹未尽的情况下，便感觉时间好像变快了。

① 在美华人谈在纽约生活真实感受：纽约人生活节奏也很快 . http://us.fang.com/news/10861498.htm.

心静，穷山恶水皆如画。
心燥，仙峰胜景不是山。
——陈理

第六章　场片段的创生——关联的建立

旅游者对旅游地的印象来自旅游场中承载的一系列与旅游者建立了关联的人、事和物。这些人、事、物使得旅游地与旅游者关联在一起，具有了某种意义。那清香的槐花、甘甜的清泉、柔软的草地、远去的历史、异乡的朋友、善意的微笑……是旅游者体验到的独一无二的世界，是旅游者个体与旅游地物质空间进行交互而创生出的旅游场。没有关联的建立，旅游场是无法存续的。关联的紧密程度意味着旅游地物质空间对旅游者而言是否具有吸引力。那些能与旅游者建立紧密关联的物质空间，会形成具有较大场强的旅游场片段；而那些未能与旅游者建立紧密关联的物质空间，其旅游场片段强度则较弱。那么，旅游者可以通过哪些方式与旅游地建立紧密关联呢？通过对现有资料中的场片段进行分析发现，旅游者与旅游地物质空间建立紧密关联时主要是通过他者带入和自身浸入两种方式来实现。

一、他者带入

（一）叙事带入

作为一种表达和交流的方式，叙事在人类生活中无处不在，从通俗意义上讲，叙事就是讲故事。虽然一提到讲故事人们就自然会想到文学影视作品，但实际上，叙事并不局限于文学艺术领域，而是渗透在人类社会生活的方方面面。“一首童谣、一段历史、一组漫画、一部电影，实际上都在叙写某个事件；一段对话、一段独白、一个手势、一个眼神，实际上都在讲述某些东西……在所有文化、所有社会、所有国家和人类历史的所有时期，都存在着不同形态的叙事作品。”（龙迪勇，2008）

人类天生喜欢故事，故事是人类了解世界的方式，它能够激发好奇心并调动情感，帮助人们与某人、某物、某事和某地建立起联系。在叙事过程中，人们会参与到故事的发展进程，结合自己的经验、愿望和意志去设想故事的情节，甚至把自己的情感愿望投射到故事中的人物上，提升参与感。叙事心理研究表明，故事可以使人沉浸其中，并引起人们态度的改变。这种改变是通过叙事传输来完成的。叙事传输是一种独特的心理过程，使人们迷失在故事场景中，是注意力、想象和情感的综合。叙事传输通过降低读者对信息的负面认识，给人们带来近乎真实的体验感受和强烈的情感反应，引起人们认同，进而达到说服目的（严进、杨珊珊，2013）。

在旅游场中，叙事将旅游者带到故事发生的时空背景中，对于已经置身于故事发生地的旅游者而言，叙事帮助他们与旅游地物质空间建立起更为丰富而深厚的关联。从本研究收集到的资料来看，口头叙事、身体叙事、图文叙事和音乐叙事这四种叙事方式为旅游者与旅游地建立关联提供了途径，旅游者通过叙事被带入特定时空或氛围中，从而获得难忘的体验。

1. 口头叙事

旅途中充满了各式各样的故事。与旅游者在旅途中相遇的人，也许是同行的游客，客舍的老板，景区的导游，街上的路人，卖水果的老婆婆，或是来自其他地区的旅游者，他们是潜在的口头叙事者。什么样的口头叙事具有强烈的带入感呢？从现有资料可以看到，那些让旅游者印象深刻的口头叙事往往与叙事者本身有着密切的关联。叙事者作为口头叙事的媒介，除了口头语言之外，他们的情绪、姿态、音色、容颜、礼俗以及浸透在发肤衣饰上的信息也会影响到叙事的效果。受访者“mdm–qinyu”回忆起她们一家人在日本东京迪士尼游玩的情形，虽然语言沟通上存在障碍，但讲解员通过她的音调语气将旅游者带入童话世界中：

而且日本解说员可有激情了，我当时去香港（解说员）都没这么激情。他不是放广播给你解说，这一点确实比国内好很多，它是由男的、女的（解说员）边驾船边给你解说，围着这一个地方给你解说，而且她那种语气你一听就特别应景，不像中国（解说员）没有太多积极性那种，简直她自己就在那个故事里面，她把这个故事给你讲述出来，特别有意思，你虽然听不太懂，但是你听她说的那个音调语气，就能看出来这是什么样的。特别感染人，而且真的很好（受访者：mdm–qinyu）。

讲解员是人们对景区内导游人员的一种称呼，他们的职责就是向游客提供讲解服务。除了景区导游之外，其他类型的导游人员（如全程陪同导游或地方陪同导游）也会提供导游讲解服务。他们是旅游过程中较为典型的叙事主体。科恩（2007）在探讨导游职能时指出，对于那些人造的、专门为旅游者打造的景点而言，景点“舞台化”越严重，对导游解说技能的要求就越高。在这种情况下，导游需要具备“演绎”的能力，即通过恰当的语言，或营造戏剧化的效果，把那些常常是舞台化痕迹过于明显的旅游吸引物说得好像真有其事。而实际上，不仅人造景点如此，即便对于“重量级”的历史景点而言，口头讲解也是必不可少的，俗话说“旅游三分看七分听”强调的就是口头叙事的重要。正如受访者“llj”所说，“西安华清池、兵马俑博物馆如果没有导游讲解的话，看着很一般”。下面的例子也说明了口头叙事的重要作用：

有一次去“九一八纪念馆”，看到导游带着一群老年团停留在一件衣服前讲解，当导游动情地讲解这件衣物的历史背景时，有的老年人听着听着都哭了（受访者：31ysx）。

在以往的旅游经历中，让我印象最深刻的就是去故宫参观。之前自己看没觉得什么，但随着导游的讲解，就连故宫地上的一块砖，房顶的一片瓦我都记忆犹新。我深刻地记得故宫的砖长15米，那时，我就在想古人对建筑方面的讲究。之后到了大殿门口，导游讲解门口放着的大缸的用途与缸身上划痕的由来是我去北京旅游印象最深，也是感触最深的一个情景，说不上为什么，北京繁华景点那么多，我却偏偏对一个不起眼的铜缸记忆犹新。也可能是导游幽默的讲解，也可能是对这个缸所经历的历代演变感到动容，也可能是从缸上深深的划痕感到了清末的无奈、八国联军的残暴，也可能是对能让这缸保存至今的"大功臣"和珅的狡诈事件感到可恨又可笑（受访者：30wh）。

上面例子中的衣服和大缸都是带有历史痕迹的符号，但它们的含义必须加以解读才能让旅游者理解，并与旅游地物质空间建立深层关联。导游通过口头叙事讲述了与这些物品相关的故事，使旅游者沉浸在过去的时空里。正如威廉姆斯（Williams，2013）在他的研究中发现的那样，"正是导游的叙述让历史看起来是真实的。游客和导游分别都强调，若没有导游的讲解，游览空间和人造物品什么都不是，是讲解使它们复活了"。

除了制度化安排的口头叙事外，一些非制度化的口头叙事也具有同样的功效，甚至有时更引人入胜。旅游者能够通过当地居民或其他旅游者了解到生活在那个地方的人和发生在那个地方的事，从而与旅游地空间建立更加多维或更为深入的关联。小鹏（2015）在古巴哈瓦那遇到的奥兰多先生让他对古巴革命领袖切·格瓦拉的了解更为立体丰厚：

这天早晨，鲁本表情诡异地跟我说，吃完晚饭就回家吧，晚上家里会来一位神秘客人，他说完就去上班了。可我的胃口却被这句话高高吊起，我逮住阿娜丽想要问出究竟，她采取打死也不说的策略，笑着跑开，非要把神秘进行到底。

……铺垫了那么久，神秘来客原来只是一位老邻居。

鲁本继续介绍："在古巴革命时期，干爹参加过游击队，跟格瓦拉是战友。在古巴建设时期，他又成了格瓦拉的助手。退休前是古巴的糖业部长。"

……

我们来到客厅，围着圆桌坐下，随后的三个小时成了奥兰多先生的独角戏时间。虽然我听不懂他讲的西班牙语，却能读懂起伏在每一句话中的情绪，那里面有开心、有激动、有惋惜、有悲痛，这些情绪也让我们的谈话有了温度。

鲁本帮忙翻译，可他的口译水平让人实在不敢恭维，听得我云遮雾罩。阿娜丽先帮他纠正几个译错的单词，后来实在听不下去，每次等奥兰多先生停顿，在鲁本还在酝酿词句的工夫，她就已经噼里啪啦地翻译出来。……

……

通过奥兰多先生电影旁白式的讲述，我对格瓦拉的了解又增加了一个维度，从《摩托日记》中他自己写自己，到革命博物馆中的官方定论，再到奥兰多先生的侧面描述，他的形象愈发丰满清晰。尤其奥兰多先生添加的这些小细节、小故事和小情绪，让格瓦拉不再是高高在上的共产主义战士，而更像一个可以围着火炉促膝交谈的老朋友（小鹏，2015，P268–271）。

另外，随着网络的普及和技术的发展，口头解说的媒介也在不断创新。电子讲解设备以及手机智能语音导游代替了现场导游，为旅游者提供了更具灵活性的口头叙事方式。受访者"llj"谈到他的儿子在旅游景点使用手机智能语音导游的情况：

在成都武侯祠扫二维码就可以用手机听讲解。孩子一路拿着手机，讲解中提及的地方没看到，他要特地找一下，以免错过。过门槛时，还提醒我不该先迈右脚，男的先迈左脚，女的先迈右脚，这是头一天他从景点手机讲解中知道的（受访者：llj）。

旅游者"花花花花花小斑"在她的游记中[①]也专门提到在西班牙景点巴特罗之家使用的语音讲解器。这个讲解器带有智能3D功能，会随游客的行进进行实时讲解，屏幕上还会复原出所在场景以前的华丽陈设。这样，口头叙事与图像结合在一起，更加多样地展示了景点的历史。

2. 图文叙事

图文叙事包含图像和文字两类叙事载体，它们都是记叙事件、表达思想的媒介，也是旅游地较为典型的叙事方式。广义的图像不仅包括绘画作品和照片，还包括雕塑、皮影、剪贴画、编织图案、电视、电影、视频等。静态图像是一种从事件的形象流中离析出来的"去语境化的存在"。由于在时间链条中的断裂，且失去了和上下文其他事件的联系，图像的意义很不明确。要使其意义变得明确，必须辅之以文字说明，或者采用并置方式组成图像系列（龙迪勇，2015）。尽管配文与并置的策略可以增强叙事效果，但静态图像终将无法体现故事情节动态变化的节奏和韵律。

然而，文字叙事恰恰能够体现出这种线性时间，因此在文字产生之后，图像便从中心地位退居到边缘，成为次要的叙事媒介。但随着技术的不断革新，动态图像的出现克服了静态图像的弊端，将图像叙事提升到前所未有的高度，大大扩展了人们的时空体验，成为一种时代的趋势。我们借助下面的例子来看看旅游地如何通过图文叙事与旅游者建立关联：

初中时期，学校组织去沈阳九一八历史博物馆参观学习。……有一幅图片让我难以忘怀，上面是两个日本的军官，进行杀人比赛，谁杀得多谁胜出，无数人惨死刀下，很气愤，真的让我很气愤。日本人凭什么拿中国人生命不当生命对待。所以每年"九・一八"的时候我都会提醒自己，身为一个中国人勿忘国耻。只有国家强大了起来，才会获得他国

① 花花花花花小斑.走！我们一起戏板鸭！【西班牙六城11日】.马蜂窝，http://www.mafengwo.cn/i/7115153.html.

的尊重。从里面走出来的时候，我无法形容自己的心情，悲愤、惋惜不足以形容。生活在当今这个和平年代，更要记住勿忘国耻，强大自己（受访者：26lxt）。

在这个例子中，旅游者通过照片与博物馆物质空间建立关联，照片的叙事内容凸显出博物馆主题，营造出独特的场景氛围，激起旅游者内心的强烈的情感反应。旅游者通过文字也同样可以感受到这种代入感。李无言（2015）在探讨博物馆叙事型展览说明文字时指出，运用比喻、拟人、排比等多种修辞手法进行感性的抒情能够使说明文字具有一定的节奏和韵律，并且能够调动感性的情感和想象，使观众不知不觉被带入情境之中，思绪随着文字流动。他以郑州博物馆为例说明了这个问题：

郑州博物馆古代史陈列采用了文言文的风格，其前言简洁有力，气势磅礴：尘封三千年，她见证着历史的沧桑巨变，一朝终醒，她揭示了早商文明和早商都城的真实存在。城墙巍巍，缄默无语，似在回味着昔日的辉煌，皇皇巨制，宝鼎依在，赫然彰显出远逝的王者威严（李无言，2015，P59–65）。

3. 行为叙事

行为叙事与上面提到的口头叙事和图文叙事不同，它是叙事主体以身体为媒介，通过行为向叙述受体表述叙述内容。“民俗生活中的许多祭祀、祷祝、崇拜和礼仪活动，包括一些由此变化而来的游艺或游戏，尽管方式各异，其实都包含着（或者后来有所失落而原本包含着）叙事——向神鬼、灵魂或天地陈述——的含义，不过，这些叙事不一定全用有声的语言或书面文字，也可以是用身体姿势，用歌唱舞蹈，或综合地运用各种行为方式”（董乃斌、程蔷，2003）。这些民俗仪式为旅游者与旅游地建立关联提供了一种途径，因而常常成为旅游者旅游活动中的一个节点。只是，在旅游业可触及的地区，这些仪式活动通常会被开发为旅游产品呈现给旅游者，使得仪式演变为仪式表演，被归入“仪式类文化旅游产品”之列，成为旅游者获得仪式感的途径之一。而“所谓的仪式感是指在仪式或仪式性事件中，人们通过亲身参与或观看而融入特定的仪式情境时，其自身的认知、情感与行为达到高度一致时所产生的一种混沌的心理状态。它是一种复杂的心理状态，一种专注而又混沌的终极状态”（王晓丹，2014）。旅游者“Fay”描述了观看恒河祭祀仪式的感受：

瓦拉纳西是印度最大的宗教城市，它因拥有母亲河——恒河而显得更加神秘，尽管瓦拉纳西脏得简直就像个大垃圾场，但它在游人眼里却是最具特色的地方，在印度人的眼里它更是一块神圣之地。

在恒河岸边每天晚上举行的恒河祭祀仪式，让几乎所有有信仰和没有信仰的人都能被感动。每晚6点30分仪式准时开始，至8点结束。据说这个仪式已经延续了两千年，至于两千年前它是什么样子我们不能得知，但现如今的仪式我们却是真真切切地感受到了。如今的仪式有了较现代化的手段——麦克风、高音喇叭、宗教音乐等造声势，加上几个相貌不错的小伙子在不停地更换器物，并将手中的器物轮流转动很多很多圈（188圈），嘴里还念念有词地吟唱着，于是祭祀仪式显得震天动地，很具感染力。[①]

类似地，“Call–me–许son涛”在游记中记录了他在西藏拉萨参与的一次“尚未被污染”仪式：

这个仪式指的就是雪顿节的重点——哲蚌寺展佛仪式，为什么说是尚未被“污染”的盛大仪式，因为现在很多国内的景点过度地商业化开发，导致有些节目已经成为一种表演，特别是为游客而准备的形式，而哲蚌寺的展佛仍然还保留着传统的方式，充满着当地风俗习惯的活动，原汁原味比较纯真，所以称为尚未被“污染”的盛大仪式！

藏戏表演，虽然我们看不懂，但也是融入其中，藏民倒是看得津津有味，藏戏不一样的表演方式，特色的服装面具，时而站立说台词抑或用空腔发出旋律节奏，或者又是旋转摆手转圈。边上有好几个人都说太

① Fay. 感天动地的恒河祭祀仪式 . 马蜂窝，http://www.mafengwo.cn/i/828551.html.

好看了，以前只是在电视上见过，这回是视觉听觉的真实享受。[①]

除了各种仪式活动之外，舞蹈、杂技等艺术表演具有行为叙事的功能。就舞蹈而言，它是一种使用身体来完成各种优雅或高难度的动作，借助音乐等道具，以有节奏的动作为主要表现手段的艺术形式。舞蹈中有一种类型就叫作叙事性舞蹈，这类舞蹈强于叙事，弱于抒情，主要以动作语言叙事，让观者理解其所表现的故事情节。“太饿公主”（2016，P95）在她的游记中讲述了去美国拉斯维加斯观看“LE ReVE”表演的体验，从中可以看到艺术表演的行为叙事功能：

LE RêVE是法语“梦”的意思，《LE RêVE》同样也是毕加索的一幅世界名画，这幅画在2013年之前，一直由拉斯维加斯赌城大亨，Steve Wynn所拥有，“LE RêVE”秀就是受到这幅名画幻妙迷离又充满诱惑主题的启发，而创作出来的。

“LE RêVE”秀讲述了少女经历的一场非凡虚幻的梦境。梦境包括原罪对梦境的诅咒，赎回灵魂所经历的苦难、对爱的欲望、得到爱的满足和失去爱的无尽痛苦。少女这些奇幻的经历和灵魂深处的诉求，被演员们以精湛的技艺结合戏剧、舞蹈、体操、杂技、水上芭蕾等形式在舞台上呈现出来。

……

LE RêVE不仅仅是一个秀，更是视听表演艺术的巅峰，它带给我的震撼是永生难忘的。能看到这样的秀真是人生之幸。对我来说，在拉斯维加斯，看秀才是正经事（太饿公主，2016，P95）。

对“太饿公主”而言，拉斯维加斯成为LE ReVE这个符号的所指，LE ReVE被赋予特殊意义，观看LE ReVE表演是来拉斯维加斯游览的必做之事。杭州宋城景区也通过行为叙事让旅游者穿越到宋代：

在宋城，处处都有精湛表演，如歌舞、说唱、杂技等。假如，你在宋城，你想去宋城，那一定要参与到宋城的活动中，来一番穿越的感

---

① Call-me-许son涛（拉萨）. 雪顿节之尚未被“污染”的盛大仪式. 马蜂窝，http://www.mafengwo.cn/i/3462648.html.

觉，让你从现代回到宋代。如果你一向崇拜梁山好汉，替天行道，打抱不平的话，那么《梁山好汉招募》《押运宋江》《好汉劫法场》将会让你过把瘾。还有很多的活动表演，让人目不暇接，惊险刺激，好奇无比。譬如：喷火表演、命悬一线、王家小姐抛绣球、风月美人、市井卖艺、穿越人物游街、民间杂艺、宋皇巡游、穿越快闪秀的表演等等。[①]

4. 音乐叙事

音乐是一种特殊的叙事文本，它“作为一种不精确的会意性的思想交流媒介，基于普遍的人性作为创作者与听众之间的情感共享基础，通过主题的倾诉，以自身情感的渲染来达到‘理想听者’的感同身受，并以之达到精确的意思表达。在这种表达中，叙述必须也只能根植于哲学、思维、情感、人性上的一致性来达到共鸣”（周年，2014）。小提琴协奏曲《梁祝》就是一个典型，作曲家根据各种不同乐器的特点，从音色、节奏、速度、力度等音乐要素来形象、生动地刻画故事中的人物，完美地叙述了整个故事情节。由于音乐具有较强的情感表达及气氛渲染效果，因此能够将旅游者带入某种状态。旅游者“Xr”在丹麦哥本哈根因教堂中的音乐而获得了独特的空间体验：

不懂音乐的我能听出来这个是管风琴，独有的音色，配着这空旷的空间，使人可以摒弃一切安静地坐在这里，对，就只是坐在这里就够了。这是难得几次我可以如此安静地坐在一个地方，这就像是一个难以到达的庇护所。[②]

音乐虽长于抒情，却弱于事件表达，所以也有学者指出，“音乐叙事的主要目的并不仅仅是为了叙述某个故事，而是指向叙述意义自身，即用‘叙事性’进一步刺激听者的联想、想象和感悟”（Abbate，1991），正如陈从周（1999）所言：“老实说，我爱好园林，是在园中听

① 大山的孩子 . 用一天的时间穿越宋城的古与今 . 马蜂窝，http://www.mafengwo.cn/i/6930608.html.

② Xr. 哥本哈根的夏日阳光 . 马蜂窝，http://www.mafengwo.cn/i/6679088.html.

曲，勾起了我的深情……”旅游者“sundae”在游记中描述了类似的音乐体验：

到了之后就直奔昆曲博物馆，恰好赶上了每周一场——《钱塘情缘》，表演者是千呼万唤始出来，却还犹抱琵琶半遮面……刚一出场就先转轴拨弦三两声，未成曲调先有情境，之后就是低眉信手续续弹，大珠小珠落玉盘，一曲听下来不知不觉已经过了一个小时，其间一直在竖着耳朵听，伴随猜测、想象、感觉……①

旅游者“心在旅途”在游记中记录了亲历印度 PUJA 仪式的感受。这个仪式主要通过音乐和诵经声将旅游者带入宗教氛围中：

这里每一座河坛都有不同景观、功能和宗教意义。我们到的是最靠近旧城区中心的萨斯瓦梅朵河坛（Dasashwamedh Ghat），它由五个大的石台组成，当中最大的是主台，两边各有两个小点的。这里也是最大最重要的河坛，虽然恒河沿岸有几个河坛也有 PUJA 仪式，但这个河坛举行的规模最大。到瓦拉纳西绝对不容错过的是，每天傍晚都在这里举行的 PUJA 仪式。每天黄昏，主持 PUJA 祭祀的祭司早早地来到场地，开始打扫冲洗神坛，整理摆放在神坛上所需的神像灯火等各种法器，布置好神坛，然后沐浴更衣。当夜幕降临，神坛上方巨大灯架子上的彩色灯亮起，五个身穿红上衣下围白基笼的祭司在人群中各挑一名观众到神坛点燃一圈油灯，这时，众人知道仪式就要开始了。神坛上方巨大的灯架子上有几个铜铃，系着铜铃的绳子由离神坛最近的人负责拉。据说被挑中去点油灯和拉铜铃是会受到祭司的赐福的。诵经的主唱和乐手早已就位，悠扬的歌声从扩音器中传出，祭司们面对恒河站成一排，随着音乐和着诵经师一边吟唱一边拍掌，教徒们也一起和着，神情庄严而肃穆，现场的感觉让不是教徒的你，也会进入那种虔诚的境界。②

① sundae. 听昆曲之姑苏行 . 马蜂窝，http://www.mafengwo.cn/i/924794.html.

② 心在旅途 . 恒河边的 PUJA 祭奠仪式（瓦拉纳西）——印度之旅（2）. 马蜂窝，http://www.mafengwo.cn/i/686313.html.

5. 一个多种叙事方式结合的实例

图 6-1　装扮成童话人物的导游

以上四种叙事方式通常相互杂糅在一起，结合具体叙事的环境和内容采用多种不同的叙事方式，以创造出效果更佳的代入感。作者在德国童话小镇 Hameln 参团游览时负责讲解的当地导游就将口头叙事、身体叙事和音乐叙事几种方式有机结合在一起，发挥到了极致（如图 6-1）。

Hameln 小镇是德国汉诺威北部一个小镇，这里古老的民间传说为格林童话捕鼠人的故事提供了素材，小镇也因此闻名于世。童话故事的梗概如下：小镇因鼠满为患，镇长贴出告示：谁能赶跑老鼠，谁就可以得到一大笔钱并可以娶镇长的女儿为妻。后来，小镇来了一个流浪吹笛手，穿着五颜六色的衣服。他用笛声把全镇的老鼠集中起来，然后一边吹着笛子，一边带着老鼠出了镇。从此鼠患消除了，但是当吹笛手要求镇长兑现诺言时，镇长却反悔了。过了一些天，穿着五颜六色衣服的吹笛手又一次来到小镇。但这一次，他的笛声吸引的不是老鼠，而是全镇的孩子们。他们跟随吹笛的人离开了小镇，进了山，从此再也没有回来。

图 6-2　导游运用多种叙事方式引领游客游览德国小镇 Hameln

游览那天，我和旅游团的十几位游客一起在约定地点等候当地的导游。当导游向我们走过来时，整个团队成员便立即被他独特的衣着吸引住了。他身穿五颜六色的服装，头戴翎羽帽，脚踏翘头鞋，吹着长笛，活脱脱一个捕鼠人就在眼前。游览中，他带领整个旅游团穿行在小镇老城区的街道中，用抑扬顿挫的语调生动地讲述关于这个小镇的历史和传说（如图 6–2）。在他的引领下，我们发现广场上有捕鼠人的雕塑，路面上印有一长串老鼠的标记，店铺橱窗中可以看到捕鼠人和小老鼠玩偶，小巷里有捕鼠人主题餐厅。口头叙事中的童话故事与物质空间中的要素联系在一起，揭示出物质要素的符号含义。小镇中的建筑、街道、小巷，所有似乎都变得生动起来。而且，除了口头叙事之外，导游还时而吹奏、时而演唱、时而舞蹈，那悠扬的乐曲飘扬在古城街道上，那轻盈的舞步流转在石板路上，我们这些游客就像童话中小镇的孩子们一样紧紧跟随在捕鼠人的身后，被他深深吸引。故事仿佛真实发生过，自己仿佛就在故事中。

在这个案例中，导游以小镇空间为舞台搭建起剧场同旅游者一起演绎了捕鼠人的故事。其中，小镇古城提供了布景和道具，导游自己担任导演和主演，旅游者担任观众和配角，小镇居民和其他游客既是观众也是群众演员。导游以自己高超的演技，将口头叙事、身体叙事和音乐叙事几种形式巧妙结合起来。口头叙事给出内在的故事情节，推动着身体叙事的程序化进程，音乐叙事与身体叙事同时展开，增强了叙事效果。多种叙事共同作用形成强烈的代入感，使旅游者沉浸在故事情节里，获得独特的空间体验。

科恩（Cohen–Aharoni，2017）的研究也说明导游是旅游者与旅游地建立关联的媒介。他指出，导游通过情绪感染（唱诵经文）、身体表演（触摸墙壁）和温暖的情感（讲述感人的故事）促进游客与遗址之间关联的建立。在导游的带领下游览隧道的目的就是让游客与 Western Wall 和犹太人遗址建立关联；对犹太人或以色列游客而言，就是要让他们与自己的遗址建立关联。

（二）人际互动带入

通过人际互动的方式使旅游者获得现场感的前提是旅游者与他者不

仅身体共同在场，而且在行为上存在依存关系。旅游者在与他人互动过程中，因受到他人影响而使自身状态发生变化。通常，在参与性较强的节事活动中，人际互动会发挥重要作用，互动行为或事件为旅游者与旅游地建立关联提供了另一个途径。旅游者“哗啦啦”在韩国首尔观看的涂鸦秀让她难以忘怀，群体互动制造出高强度的场，让她完全沉浸其中，至今难以忘怀：

最令人捧腹大笑的环节就是互动的环节了，真的找现场的观众上去和演员一起表演，我真的是好害羞的，但是越是那种放得开的观众，互动得越好。在这样的氛围中，无论你是内向的性格还是外向的性格，真在这样的互动中，会完全沉浸在这欢快的气氛中，真的是好开心呀。（和现场的观众一起大声地喊，耶！）[①]

旅游者“回归橙色”在他的游记《遇见最真实的梦——五万字斯里兰卡包车自助游流水账》中也提到了人际互动给他们带来了旅途中最难忘的片段：

当楼主和兔胖在湖边逛了一个多小时即将离去的时候，忽然被一阵富有节奏感的音乐吸引，原来是十几个年龄不等的姑娘在她们的面包车前随着音乐自嗨起来，南亚人民一言不合就飚舞的天赋在她们身上展现得淋漓尽致。

看到两个罕见的东亚面孔老外在饶有兴趣地欣赏她们跳舞，斯里兰卡人民热情好客自来熟的特点立刻展现出来，兔胖在一片起哄声中扭扭捏捏地被拉进了人群中一起载歌载舞。这位和楼主一样从小就没什么舞蹈天赋，基本属于同时运行身上两个零件就会死机的舞渣……不过人家斯里兰卡姑娘们已经玩嗨了，不管会不会跳舞，跟着音乐扭就行了，主要看气质嘛……什么？连气质都没有？那就看气氛吧 ~~~

后来楼主也被热烈的气氛感染，把相机调了个自动对焦直接丢给Gayan，哥们儿你随便拍，兄弟我先去 high 了 ~~~（回头一看，Gayan

① 哗啦啦.让人无法忘怀的表演——首尔涂鸦秀：HERO.马蜂窝，http://www.mafengwo.cn/i/5325581.html.

敬业地爬上花坛边木桩开始连拍）

一曲放完，楼主和兔胖恋恋不舍地和姑娘们挥手道别，临走前帮她们拍了几张合影并要了邮箱回国把照片发给她们 ~~~

这段计划之外的惊喜是楼主和兔胖九天旅程中最难忘的片段，之前在工作和生活的压力中已经很久没有这么尽情放松过，看着随时随地载歌载舞展示自己乐观天性的斯里兰卡姑娘们，楼主感慨地对 Gayan 说："这才是真正的生活"，这个才 22 岁的大男孩淡定地答道："只要心中有爱，就是真正的生活"。[①]

"回归橙色"的描述让我们看到，人与人之间可通过身体行动传递某种信息从而产生相互影响。"回归橙色"的感受与 Veijola 和 Jokinen（1994）文中表达的观点不谋而合，他们都说明人际互动可以帮助旅游者与物质空间建立关联：

难道不是旅游者的身体将常规打破吗？我们在家时也的确观者舞蹈表演和博物馆，不是吗？但相反，我们几乎从不共同参与到唱歌和跳舞中。在家时，我们很少在这个巨大的、令人费解的、其中充满话语和姿势不知何意的陌生人的世界分享共处的感觉。在这里，我们的身体在一个纯粹的身体仪式中被暂时联系在一起，在我们有意识的身体中，我们知道它的存在（Veijola & Jokinen，1994：133）。

二、自身浸入

（一）感官调动

1. 感官刺激

感官是人们与世界建立关联的首要途径。旅游者通过不同感官与旅

① 回归橙色.遇见最真实的梦——五万字斯里兰卡包车自助游流水账.马蜂窝，http://www.mafengwo.cn/i/5525342.html.

游地物质空间建立关联。他们通过视觉、听觉、嗅觉、味觉、触觉等去认知周围的环境，以这种最直接的感性方式与物质空间联系在一起。这种调动多种感官去认知世界的状态被小鹏（2015）称作“旅行状态”：

当我们来到目的地，通过视觉、听觉、嗅觉、触觉的交互作用而产生专属于自己的独特体验，但这种体验以感性为主理性为辅（小鹏，2015，p263）。

……

这两天虽然被闷在大巴车里，但我却不知不觉找回了旅行状态。所谓旅行状态是指在旅行中将感知器官全部打开，无论视觉、听觉、触觉都高度灵敏，充满好奇，乐于接受新鲜事物，并且有想要创作和表达的冲动。（小鹏，2015，p263，p54）

感官对于体验的重要作用曾受到社会学、人类学、历史学、媒体研究、文学、地理学、城市研究、设计、管理、营销等多个学科的关注（Agapito，Mendes & Valle，2013）。在旅游研究领域，受大众观光旅游模式影响以及摄影技术的发展和普及，学者们曾一度以视觉体验为核心去研究旅游体验。但在其他学科渗透下，视觉中心模式受到挑战，其他感官的作用得以突显并逐渐成为体验研究的焦点，感官景观（sensescape）以及相应的声景观（soundscape）、味景观（tastescape）、嗅景观（smellscape）、触景观（haptiscape）等概念开始出现在旅游学术成果中。（Veijola & Jokinen，1994；Edensor，2007；Gretzel & Fesenmaier，2003；Govers et al.，2007；Ellis & Rossman，2008；Pan & Ryan，2009；Urry and Larsen，2011；Kastenholz et al.，2012；Agapito，Mendes & Valle，2013；Jensen，Scarles & Cohen，2015）不同类型的场景带给人们的感官体验是不同的，艾丹瑟（2000）曾探讨过旅游者在异质空间中的各种感官体验：

行人可能享受在异质空间中更为生动、富于变化的感官体验。随意的特征和事件会扰乱旅游凝视。在人群中快乐地推挤以及擦身而过和脚下掠过时接触到的不同材质会产生一种“触觉地理”，在那里会不断地与他人产生接触并在身躯中间迂回前行。异质空间的“味景观”丰富而多样，各种刺激的味道（甜、酸、辛辣和香喷喷的味道）混杂在一起产生强烈的“嗅觉地理”。“声景观”也将众多人类活动、动物、各式交通以及演奏乐和录音带制造出的声音融合在一起，创造出一个不断变化的由不同音高、音量、音调构成的交响乐。

我们再从旅游者的角度来看看不同感官如何与旅游地物质空间建立关联。对于感官种类的划分，人们一直未达成一致（Vannini et al., 2011）。从收集到的资料来看，旅游者主要是通过视觉、听觉、嗅觉、味觉、皮肤觉和动觉与空间建立关联。

通过视觉建立关联：

……当时我都已经骑过去了，可就在一瞥之后，我的魂儿就被收了去，心里有种像是错过什么大事似的惊慌。我赶忙刹车，往后退了几步，画框内分明就是《爱丽丝漫游仙境》的电影海报：近景是一棵大树，根粗冠茂，树旁铺着青绿色的草毯；中景是一架缓慢转动的风车，一只老猫蹲在风车旁边，也像风车一样不时转着脑袋；远景是那已经升到半空的太阳，发散出的金色光线从舞台后方照过来，把风车、老猫、巨树都映成剪影。腾起的晨雾又将这一切遮遮掩掩地覆盖（小鹏，2012，P6）。

通过听觉建立关联：

听过除夕夜钟声，才知何谓“声若洪钟”——除了“大声”，这是一种带着坚定、笃实、力量，并且让听的人感到安定的声音。一声声沉稳悠长的钟声飘在京都的夜空，新的一年就这样伴随着钟声悄悄来到。没有欢呼，没有倒数，也没有漫天绚烂的烟火，新年仿佛一个再平凡不过的日子按时走进了你的生命；但仔细听，却又是如此的不同凡响。

……

坐在书院缘侧欣赏庭院的时候，就一直听到持续地有一种自成节奏、叮叮咚咚的声音。好奇地四下观看，却都没有发现。后来走出书院时，觉得声音就近在耳边，才发现了这个手水钵旁的水琴窟。据说圆光寺的水琴窟也是京都最古老的，日本人真懂雅趣，在寂静当中透过自然和人为力量巧妙的搭配，添加了美妙的音符。

……

附近都是生活区，别说入夜了，就是白天也都十分安静。早晨，你会听见鸟叫声；有时可以听到路口平交道当当当地响，接着就是轮子摩擦铁轨的声音，这是叡山电铁的脚步声；有时，还可以听见“笃笃笃笃”的声音，这是上班族赶着去搭车的脚步声；也有时，会听见脚踏车铃、房东太太打扫花园或者隔壁小朋友玩乐嬉闹的声音。什么？你说隔音太差了？嘛，我还挺喜欢这样的环境音，至少不让我难受，想去“降噪”。①

通过嗅觉建立关联：

走进石碑陈列室，一阵墨香扑鼻而来。原来是正在进行石碑拓印：拓印就是把一张坚韧的薄纸事先浸湿，再敷在石碑上面，用软刷子轻轻敲打，使纸入字口，待纸张干燥后用刷子蘸墨，轻轻地、均匀地拍刷，使墨均匀地涂满纸上，然后把纸揭下来，一张黑底白字的拓片就复制完成了。②

和大多数东南亚国家的首都一样，湿热的温度，从下飞机起就一直充斥在空气中的各色香气，热情的服务，友好的招呼，一点点落后，但又到处充满了现代活力。③

通过皮肤觉建立关联：

拉市海挺美的，水特别清。水里有很多藻类～划船的师傅特别可爱～硬要给我拍照片，说要各个角度360°无死角地拍！！还叫我下去捞鱼～经不住诱惑～下水了！虽然水不深～裙子还是湿了，水底的泥踩得好舒服。④

---

① 屁桃先森.显影京都－古都的不同表情与我的一面之词.马蜂窝，http://www.mafengwo.cn/i/6744380.html.

② 幽谷晚风.穿越千年的长安之旅.马蜂窝，http://www.mafengwo.cn/i/6866912.html.

③ NotKevin.变成鱼，游潜在巴拉望的炽烈蓝色里.马蜂窝，http://www.mafengwo.cn/i/7064729.html.

④ 小木偶走天涯.感觉时间静止了——彩云之南15日小木偶走天涯.马蜂窝，http://www.mafengwo.cn/i/3035482.html.

2015年8月，正当盛夏，我便从大连出发，赶往山海关游玩。首选目的地当然是九门口的长城。九门口长城与北京八达岭长城不同，是一座水上长城。双手摸在上千年的砖墙上，也深刻感到当年秦国的强大（受访者：23lyy）。

登顶的山路上有个平台，快要累坏的我们毫不犹豫地选择歇歇脚。清冷的空气，毛毛小雨随风拂面而来，每一个毛孔都像被清洗过一遍，那种舒服的感觉至今怀念不已。①

在阿姆斯特丹，一扇木门后面的庭院里，有一堵老旧的砖墙，尽管沿着运河刮来冷风，让人的眼睛极不舒适，几欲流泪，但这堵墙，在微弱的早春阳光中慢慢暖和起来。我将双手从口袋里伸出，让它们顺着砖块粗糙而凹凸不平的表面滑过。砖块似乎很轻，而且易碎。我有一种想亲吻它们的冲动，想去更加亲近地感受一种质地，这种质地让我想起了浮石，还有来自一家黎巴嫩食品店的哈尔瓦（芝麻蜜饼）（阿兰·德波顿，2004，P210）。

通过味觉建立关联：

为了多品尝，寻找喜欢的味道，我们两种茶各点了一壶，一共还不到30元。个人还是喜欢酥油茶多些，尤其是喜欢丝滑般入口的感觉与融合了酥油和盐的特殊咸味，也有朋友说喜欢甜茶的味道，认为香甜可口，加上刚下火车还没适应高原环境，有点儿飘飘然的错觉："细腻、又不失梦幻。"坐在我们旁边的是几个拉萨大叔，和他们聊天得知："藏面、酥油茶和青稞酒是我们的生活，吃法有很多种，可以当作早餐，可以当作朋友聚会零食，可以当作正餐，简单但是很重要。"②

通过动觉建立关联：

篮球场不远处有个小秋千，虽然是个普通的秋千，但我想说他们这个橡胶扶手。坐上秋千我的第一感觉就是smooth，找不到别的词来形

① 疯果子.【两个文艺女青的广西之旅】穿着裙子去徒步.马蜂窝，http://www.mafengwo.cn/i/762123.html.

② 哈成.行走西藏味觉记忆.马蜂窝，http://www.mafengwo.cn/i/3282671.html.

容……荡起来以后感受不到任何的摩擦、卡顿，就像真的自己在空中飘的感觉。[①]

偶然抬头，惊诧于布满天幕的繁星。星星有明有暗，有的在孤独地闪烁，有的密密麻麻挤在一起汇成一条闪亮的河流。在马背上仰头面对缤纷的星空，身体随着马步的节奏一悠一悠，心思感到已经迷乱了，不知是因这夜色让我感到沉醉，还是因马背的晃动而眩晕。这时理解了为什么梵·高的名作《星空》要把天空画成旋转的漩涡状，原来大自然的奇迹已经让我们的感受不再真实。[②]

上述实例让我们了解到不同感官在与物质空间建立关联时所发挥的作用。但值得强调的是，“相连的人体器官不是一个集合体，而是一个有机系统，所有的功能都是通过整体的行动得以实现”（Ingold，2000）。也就是说，旅游者与物质空间的关联并非个别感官单独作用的结果，视觉体验、听觉体验、触觉体验、嗅觉体验等并不是绝对分开的，区分出来的感官仅仅是整体行动的不同方面，各感官是以相互蕴含的整体方式与空间进行交互的。正如厄里（2011）所言，“几乎在所有情况下，不同感官都是相互关联产生一个由分布在时空中的人和物组成的被感知的环境”。

2. 感官剥夺

与感官调动相反，感官剥夺不是通过调动感官从而促使旅游者与物质空间建立关联，而是通过临时切断某一感官或部分感官与物质空间的关联，从而促使旅游者通过其他感官与物质空间建立更深入的联系。萨克斯（Sacks，2005）也发现了这一现象，他指出感知丧失会对其他感官产生促进作用，如失明会给盲人提供一种通过非视觉感官去体验世界的新方式。类似地，老子在《道德经》中曾说过，“五色令人目盲，五音令人耳聋，五味令人口爽”。意思就是迷恋色、声、味，将令你眼花

① Xr. 哥本哈根的夏日阳光 . 马蜂窝，http://www.mafengwo.cn/i/6679088.html.

② 土匪窝儿 . 骑马穿越巴音布鲁克 . 马蜂窝，http://www.mafengwo.cn/i/535557.html.

缭乱、听觉不聪、味觉丧失。这意味着过多的感官刺激会让人索然无味，感受力下降。反其道而行之，则会增强感受的效果。这一点在游记中也得到了证实，旅游者“王鹤”描述了他在“没有声响”的世界中体验到的感动：

很少有地方能够同时给我安静和充实这两种感受，这里做到了，那种没有声响时候的零分贝的体验，真的非常美妙，偶尔夹杂着狗吠的声音，我的字典重新定义了“祥和”这个词。走在村里，看着来来往往的村民，人很少，但是却给我一种非常热闹的观感，也许是快过年了，也许是因为我们的到来，就这样闲逛着都让我感受到，这个地方真的很好，一种说不清的感动，绝不是被脑中的幻想感动了自己，是人们的笑容、远远的狗吠，把我的灵魂带离了身体，把眼泪带离了眼眶。[①]

“无声胜有声”，这种在旅游者王鹤现实生活中并不常见的“无声”状态，让他获得了比“有声”更强烈的体验。那种“无声”让远处偶尔的狗吠入耳，让村民的笑容入眼，让周遭的所见入心。“无声”能够赋予人们愉悦体验这一点早已被应用于建筑设计之中。墨西哥景观建筑大师路易斯·巴拉干在他设计的园林和住宅中，“总是试图创造一种内在的寂静”，他曾说过，“没有实现静谧的建筑师，在他精神层次的创造中是失败的”（《大师系列》丛书编辑部，2006）。

除了声觉之外，对一般人而言，视觉也是获取外部信息的主要渠道。当视觉无法提供外部信息时，人们只能借助其他感官去了解环境，一种不同于以往的与世界建立关联的方式便出现了。“小鹏”描述了两次他在旅游途中闭上双眼，凭借听觉所感知到的声景。一次是他坐在从西班牙巴塞罗那开往意大利米兰的长途客车上（小鹏，2012）：

早晨五点来钟，经过一夜长长短短低质量的睡眠，我彻底醒了，却还是不想睁眼，于是听觉变得敏锐起来。孩子的哭声、情侣的低声交谈

① 王鹤.我们不是荒野猎人，却也被喀纳斯的冰雪彻身净化了一把！.马蜂窝，http://www.mafengwo.cn/i/6330386.html.

（完全听不懂也不想听懂却还是一字不落地听见）、远远近近的呼噜声，都变得尖锐、清晰、有头有脑。虽然听到的世界缺失了色彩和形状，却有了节奏和分贝。还是要感谢旅途，总能设置一些极致的情境，为我们打开几扇看世界的新窗口（小鹏，2012，P31）。

还有一次小鹏乘坐独木舟来到亚马孙雨林 Shansho 湖中心，在导游的引导下，他闭上双眼、用耳朵去感受周围的一切，由此体验到了另外一个深不可测的宇宙（小鹏，2015）：

转天就要离开雨林世界，可翻看活动节目单，还落了一场表演。演出场地在 Shansho 湖，时间在天黑之后。……

此时独木舟已经划到湖心，“牙印儿”让大家把船桨收起，再关掉手电筒光源。头顶银河璀璨，湖中银光点点，我们如置身一场奇幻梦境。

这场演出的主题叫作“听！亚马孙的声音”。于是我闭上眼睛，耳边就出现了另一个宇宙，它由丛林中的无数声响组成，那个宇宙也同样繁星璀璨，最亮的一颗一定是我的意识正在努力靠近的那一种声响。开始我还努力分辨，哪种是蝉叫，哪种是蛙鸣，后来发现我的听觉系统完全无法追踪那些细微声响的来历，于是又在听觉之外加入想象。我听到蚯蚓蠕动，蛇的缠绵；我听见鸟打呼噜，蜥蜴产卵；我听见蜘蛛吐丝，蟋蟀交欢……每一种声音都自行其是，保持着自己固有的音量、音频甚至停顿间隔，几十个声道混在一起，就组成了这篇错综复杂的乐章，哪怕顶级的指挥家都无法操控这支庞大的丛林交响乐团。

我把眼睛睁开，眼前的宇宙和耳边的宇宙交相辉映，不知哪一个更加深不可测（小鹏，2015，p225–226）。

类似地，德国的“对话博物馆”（Dialog Museum）通过剥夺某一感官，而创造出借助其他感官创生旅游场片段的机会，让旅游者获得与众不同的难忘体验。进入博物馆后，人们便置身于漆黑一片的空间。在六间没有照明、仿照日常生活情景却又各不相同的空间里，参观者可以体验失明者的日常生活，包括像失明者那样在黑暗中进餐。他们只能依靠听觉、触觉、嗅觉和味觉去与空间建立关联，空间也因此对参观者产生了新的意义。我们从参观者的网络评价[①]来了解一下他们在对话博物馆的体验：

想象下如果没视力的话，你能否应对其他事情？来这里参观下吧，这样你就知道了。你好心的盲人导游会带你经历这一天，然后你会拄着拐杖在绝对黑暗中体验到各种各样的情景，这个经历会伴随着你很长一段时间（dbkdh）。

在这家“博物馆”里的旅行是由盲人或者视力受损的人安排的，你看不见他们，即使是旅行结束以后。真的是非常吸引人的经历。我们在房间里踢足球（有铃声的球），我跑着跑着撞到墙上去了，因为完全忘记了周围的一切。而且买饮料付款的时候也没有你想象中那么容易（Lindi1985）。

这是一次很好的经历，让你感受那些在每天都会发生的事情，但是要以一个盲人的身份在公园里散步，穿马路，点单……你的导游是一个盲人，所以这些地方都是水平的（好吧，盲人可能有更多的经验，但是你要掌握要点）。在最后，你可以向导游提问。整个游览需要一个多小时（andrijas）。

刚开始的时候，黑暗让你感到不舒服，你不知道应该睁着眼睛还是闭上眼睛。我甚至产生了幻觉。但过了一会儿，你会更放松一些，可以更自由地转一转。你理解了这有多么困难，需要有多么强的意志力才能克服如此巨大的障碍，还有我们认为太多事情是理所当然的了。导游Benny真是太棒了，游览结束后他带我们去黑暗酒吧喝饮料，和我们交流了他作为盲人的感受。很感谢Benny如此敞开心怀。这是一次能够永远改变你感知的独特体验，真心推荐（264kristinar）……

我去的时候期望不是很高，但结果却让我感到惊喜！你被带到很多不同的房间里，伸手不见五指，真是让你的感官经受考验。你感受周

---

① 网络评价来自tripadvisor网站：https://www.tripadvisor.cn/Attraction_Review-g187337-d1527979-Reviews-Dialog_Museum-Frankfurt_Hesse.html.

围，了解你身处何地（或是在什么情景中）。比如说，你感觉到风，感觉到交通的嘈杂。太不可思议了，很有趣，真的感受到好多事物。各个年龄段的人，单身人士或家庭游客，都会获得绝妙的体验。我还喜欢最后去酒吧的体验。在黑暗中，你点一杯饮料（我的小伙伴和我选的是咖啡），导游会为你提供服务，很感动。我们的导游（是匈牙利人）超级棒，整个游览中他提供了很多帮助，他很风趣。游览结束后，我们在外面和他走了很久。他很棒，很接地气，让我们受益颇多（supersaff）。

（二）正向游离

旅游者处于正向游离状态时，身体空间部分游离于旅游地物质空间之外，但却并未与其所处物质空间产生分离倾向，而是依托于现有物质空间，通过激发联想与想象活动、对接以往经历或已有认知而创生出特有的旅游场片段，促进自身与物质空间的关联得以维系并在一定程度上提升了关联的紧密程度。

1. 激发联想与想象

联想和想象是在旅游者与旅游地物质空间交互过程中实现的。联想是由一事物想到另一事物，而想象则以感知过的事物形象为基础从而创造出新的形象。在联想和想象的作用下，旅游地物质空间被注入新的活力，旅游者在这样的旅游场中处于“看山不是山，看水不是水”的状态。周桂菁（1995）在探讨想象和联想在山水审美和景观创作的作用时，曾以云南石林“阿诗玛”为例进行说明：

我们在游览云南石林观赏名石“阿诗玛”时，如果不与当地“阿诗玛”的民间传说联系在一起，那么我们眼中只有一块普通的石头，而当我们由这块形似人形的石头，联想到阿诗玛的传说，一块石头则被赋予了精神的意蕴，人们再看到它时，便将它与阿诗玛的形象联系在一起，有了越看越像的感觉。

同样游览过石林的滕守尧（1998）也道出了类似的体验：

当我们以一种“现实”态度去观它只不过是一根普通的石柱而已，但当我们放眼四望，看到那清澈的泉水，那通向竹林深处的小路，那神秘幽静的境界，又忽然想起那动人心弦的阿诗玛的传说时，我们的态度和心境就会马上改变，眼前的石柱也会随之突然变成了美丽的阿诗玛：那坚硬的石块变得柔和了，那转折突然而又生硬的轮廓线也变得圆润了，顶部的那块方正的石块似乎也变成了椭圆形，于是，一个神态生动、美丽自然的女性形象便从这块无生命的石柱中生发出来了（滕守尧，1998，P58）。

这两个例子让我们看到在联想的作用下，旅游者将石柱与人物形象阿诗玛联系在一起，在想象的作用下，石头的形象被加工改造为一个女性形象。借助联想或想象与旅游地物质空间建立关联是旅游活动中较为普遍的现象。例如，旅游者“金陵客人”来到捷克克鲁姆洛夫小镇的伏尔塔瓦河，这条河让她联想起同名交响乐《伏尔塔瓦河》，从而创生出一个“挥之不去的‘交响音画’”旅游场：

我们按照金导指的一条石板小路，走过一座宽宽的木桥，桥上的雕塑可谓精美，桥下就是伏尔塔瓦河。这条捷克人民的母亲河，在克鲁姆洛夫小镇老城区优雅地、呈马蹄形地绕了一个弯。我目睹着这条捷克著名的大河，在这里竟是一条不过20~30米宽的小河，很是惊诧，与我想象中的伏尔塔瓦河差距太大了。但沿河两岸优美的景致，倒使我耳旁响起了捷克著名音乐家斯美塔那的交响诗《我的祖国》第二乐章《伏尔塔瓦河》的旋律：从涓涓溪流，渐渐聚成小河，穿过森林，绕过小镇，最后汇成滔滔大河，流入海洋。我心底里美极了。斯美塔那的音乐和眼前这条河的美景，在我心中合成了挥之不去的“交响音画”。[①]

旅游者“王鹤”描述了自己在冬天前往新疆喀纳斯游玩的情景。冰天雪地的景观让他联想到曾经看过的电影中的场景。这种“神游万里”的正向游离状态让他体验到兴奋和欢愉，身体空间与物质空间的暂时分

① 金陵客人．捷克叙事曲：（A）克鲁姆洛夫怀古．马蜂窝，http://www.mafengwo.cn/i/3224773.html.

离实际上加强了二者之间的关联：

徒步上岸之后，我们又沿着喀纳斯的出水口一路回村子，这条路非常美，因为出水口水流较急所以不会结冰。和前几天不同，这一点都不《冰雪奇缘》，与背景中的冰天雪地搭配起来像极了小李子《荒野猎人》中的场景，置身这一方天地，我嘴唇嚅动却又说不出什么。直到现在我也描绘不出来当时的心情，那种悸动让我怀疑自己是身体不适，却又感觉到自己心跳无比蓬勃，我再一次神游万里，但是这次我能清楚听到自己脑子里的轰鸣，回过神来之后想叫，却又觉得是放肆。[①]

在另外一个例子中，受访者“suning”讲述了他在内蒙古呼和浩特近郊某景区观看表演前的体验。一开始，“suning”处于负向游离状态，虽身处景区之内，却无意与其建立关联，对物质空间基本是视而不见地应付着。但在等待观看实景演出《永远的成吉思汗》时，起伏的沙丘和流动的白云让他浮想联翩，从而把他带入与成吉思汗相关的历史场景中，为物质空间注入了活力，创生出具有吸引力的旅游场：

我的家在内蒙古呼和浩特市。虽然自己是汉族，但从小耳濡目染的大多是蒙古族的文化。今年 8 月份和朋友一起去到了近郊新开发的旅游景区，自然又领略了一番蒙古族风情。都说熟地无美景，其实从小就对大漠高原或绿草蓝天没有过多的关注，因为这些就好像与生俱来的东西一样和我一起长大，故而少了一份关注的热情，景区的景点也大多是以草原、沙漠文化为背景的微缩景观，所以整个过程都是走马观花地应付着。随着人流来到最后一处游览区，准备看完整点实景演出就打道回府。演出的名字叫《永远的成吉思汗》，坐在观众席看着空旷的露天场地，起伏的沙丘和流动的白云竟让我有了一丝代入感。当三十多位演员骑着骏马从沙丘上飞驰而下的一刻，我的眼睛再没移开过战场……（受访者：suning）

借助联想或想象，景物转换为旅游者经大脑加工后出现的事物，这

① 王鹤.我们不是荒野猎人，却也被喀纳斯的冰雪彻身净化了一把！.马蜂窝，http://www.mafengwo.cn/i/6330386.html.

时的景物便具有了旅游者个人的色彩，旅游者透过自己加工后的事物去审视景物，由此拉近了自身与景物的距离，与物质空间建立起更为紧密的互动关系，从而使旅游体验能够沿着更深的方向发展。

2. 对接以往经历或已有认知

旅游者都是带着自己的经历上路的，生活在现代社会的他们在出发前往往对旅游地并不陌生。“通常，观光者和景物之间的第一次接触并不是与景物本身的接触，而是有关景物的某个描述”（马天和谢彦君，2015）。诗词、小说、歌曲、电影、电视剧、广告、新闻、社交媒体等让人们在未抵达旅游地之前就对其有所了解。厄里（2002）观察到这一现象并用“解释性循环”来描述旅游：

假期中找寻的是一系列在旅游公司的宣传小册子上或电视节目中早已看过的照片图像。当旅游者出游时，便开始自己一路找寻并捕捉那些图像。并以展示自己拍摄的在出游前已经看过的图像说明他们真的去过那里作为终结（Urry，2002，P129）。

这从一个侧面说明旅游者在旅游地要寻找与其以往经历或已有认知相关的事物。通过这种方式，身体空间与物质空间能够建立更为切身的关联，实现更具深度的交互融合。正如旅游者“marrón”在她的香港游记中所言：

太平山顶，维港灯火，港片里的美都餐室，我像所有初次赴港的游客一样，试图把眼前的流动风景和此前的生命历程产生一种嵌套式的联系。①

“marrón”提到的这种风景与生命历程的嵌套式联系是旅游者刻意而为的，就像厄里指出的旅游者有意去搜寻他们早已看过的图像。但有时旅游者身体空间所潜藏的以往经历或已有认知是在现场被调动出来的，旅游者事先并无准备。美国心理学者马可·弗里曼（2007）在《传

① marrón. 饮下这杯香江水 . 豆瓣网，https://www.douban.com/note/344178618/.

统与对自我和文化的回忆》一文中描述了自己在柏林游览时所经历的这种“完全出乎意料”的体验：

……我们看到了许多东西，我们一起吃喝，而且面对那些决定柏林市容的建筑塔吊，我们就柏林人在努力重建这座城市方面所面临的挑战谈了许多，既谈得很正经又谈得很生动。我觉得一切都很令人着迷，不过我在内心中也保持着相当的距离。当然了，我当时心中该是何等可怕呀。那一切是多么难以想象啊。您简直不会相信，那些伤痕还是那么新鲜：看那些建筑物，它们都因曾遭轰炸而疮痍斑驳；看那些纪念牌；看那些荷枪实弹，在犹太教堂门口站岗的士兵（现在还是这样）；以及如此等等。

可是随后却发生了某种奇妙和完全出乎意料的事情。那是在我们乘大轿车穿行市区的时候。老实说，我至今仍然不知道该怎样准确地描述那件事儿。我想不出更恰当的话来形容它，而是只能说，仿佛刚才还是在安全距离之外的一切，却忽然一下子变得跟我近在咫尺了。那些塔吊，那些建筑物，那些花园，勃兰登堡大门，国会大厦等，总之，刚才还是令人着迷或令人恍惚的巨大纪念建筑物（它们都像城市古迹一样，是值得您参观和铭记的对象），现在却一下子变成活生生的、呼吸着的存在了。我试图向别人解释我当时的那种感觉，说我以前从来没有像在那一刹那间的深刻的历史体验。我这样说，其实并没能完全正确地表达出我当时的感觉。不过当时这样说就够了。

说到我当时对这种从客体到生动存在——有人或许会说是从巨大纪念建筑物到回忆——的突变的反应，那么我说它像是一种沉痛的悲哀，像是一种忧虑和震惊的混合，总之是像许多感情一股脑地突然袭来似的。我当时要么是已经哭了，要么是后来的那一整段时间里几乎要哭了。那种感觉真是很奇妙，很强大。您要是问我以前的感情状态是否稳定，那我只能说，我一般从没发生过这种情况。换句话说，从当时总体经历来看，那确实是一种非同寻常的感觉。它令我极为恍惚。

……上次，我想必是以某种方式把某些东西“随身带到”柏林来了，而启动了我在那一天的经历的，也正是它们。这就是说，我必定是以某种方式有了历史的准备，即有了像我所经历过的那样去经历那些事物的准备。可我又是怎么准备的呢？我随身带来的究竟是一些什么东西呢？

……用于自我的传统，它的第一个方面具有个人特征，这种特征是从一定文化背景中发展出来的。我上次造访柏林时，随身带来了一个世界、一种文化视野，它肯定对我那天的经历产生了影响。

其次，我无疑还把一大堆知识也带到柏林来了，从书籍、电影、照片和无数类似的东西当中获得的知识。……大概是我带来了脑子里积累的许多众所周知的知识和画面，是它们"激活了"我那天看到的一些事物的潜流。这肯定是传统的另一个方面（我描述得不够确切），它们对我那天的经历也起了重要作用。

第三点，尽管很难说清楚，但毫无疑问，我的犹太人背景肯定也影响了我那天的经历（马可·弗里曼，2007，P6）。

弗里曼的描述让我们看到，物质空间中的塔吊、建筑物、花园、勃兰登堡大门、国会大厦原本是与他保持一定距离的客观存在，但"随身带来的一个世界、一种文化视野""脑子里积累的许多众所周知的知识和画面"以及他自身的"犹太人背景"激活了这些客观存在，让它们"变成活生生的、呼吸着的存在了"。在这样一个旅游场中，物质空间中的客观存在与旅游者的生命以及众多犹太人的生命联系在一起而被赋予了一种生命状态，从而变得鲜活起来。就像我们故地重游来到曾经生活过的地方，当那些住过的房屋、街道的景观、标志性的建筑、独特的气味、光线和温度与过往的经历对接上的时候，这些地方便充满了人情味，让人沉浸其中仿佛回到了旧时光。旅游者"Ann 可"在南极德雷克海峡的体验也激活了她身体里潜藏的记忆：

德雷克海峡位于南极大陆与美洲大陆之间，太平洋与大西洋在这里交汇，正因为它特殊的地理位置，大陆压差和洋流冲突造就了德雷克海峡全年狂涛巨浪的特质！全年 365 天它的风力都在 8 级以上！即便是万吨巨轮，在它面前也如摇摆的一叶小舟！它更是令无数船只倾覆海底，所以德雷克海峡有了“魔鬼海峡”“死亡走廊”的可怕名号。

……

在床上，浪花滔滔间，我仿佛回到婴儿状态，在母亲微微摇曳的怀抱里，慢慢进入酣甜……

在座椅上，浪花滔滔间，我又仿佛回到奶奶家，又把自己塞进儿时的小推车里，感觉着小推车的摇摆甚至颠覆瞬间的那种奇妙眩晕……

甚至在后来，有一次在鲸鱼讲座的7层多功能厅里，当我坐在圆形小转椅上一边听讲座一边随着海浪荡动而转动座椅的时候，我一瞬间就想起了儿时的游乐园，想起了我最爱的“旋转贝壳”！

就这样，德雷克海峡带来新体验的同时，也将童年和过往的片段交织进来。而在这样的环境里，我第一次可以不用羞愧和难为情地体验着回归游乐园、回归妈妈的怀抱的那种最原始最基本的幸福和满足……这是长大成年后多年我几乎已经遗忘了的一种感受，也是长大成年后多年几乎已经失去的一种权利！

所以对人们心中恶魔般的德雷克海峡，我却要由衷地说声感谢：感谢你让我在长大伪装成熟稳重的这些年后，在清醒而非梦境中，能够回到无忧无虑的童年，体味逆转时光的曼妙，体会回到妈妈怀抱的那份安宁与温暖！①

（三）改变身体图式

在《知觉现象学》中，梅洛—庞蒂对当代心理学和身体治疗学领域的身体图式概念进行了修正和发展。在他看来，身体图式是一种表示身体在世界上的存在方式。“它通过对身体姿势和身体运动的无意识调适，使得世界中许多有意义的部分被身体整合入我们的经验中。”（何静，2013）身体图式的概念强调身体的各部分是作为一个整体运作的。人们

① Ann可．敬畏生命 感受浩瀚——不可思议的南极．马蜂窝，http://www.mafengwo.cn/i/7408712.html?static_url=true.

可通过习惯的获得对身体图式进行修正和重建，“习惯的获得就是对一种意义的把握，而且是对一种运动意义的把握”（梅洛—庞蒂，2001）。梅洛—庞蒂举例说明了这一观点。比如，妇女不需要计算就能在其帽子上的羽饰和可能碰坏羽饰的物体之间保持一段安全距离。驾驶员不需要比较路的宽度和车身的宽度就能知道可否通过。这说明，身体图式是向着环境、向着未知敞开的，当面对一个陌生的情境时，身体图式会把空间逐渐纳入自身的系统中。景观就是在身体姿态的变化中得以显示的：

“……我的身体的每一个姿势一开始在我看来就是呈现某种景象的能力，每一个景象在我看来就是我的身体在某种运动觉姿势中之所是，换句话说，我的身体始终在物体前面，以便能感知物体，反过来说，在我看来显示始终被包含在某种身体姿态中。我能认识显现和运动觉姿势的关系，不是由于某种规律和某种方式，而是因为我有一个身体，我通过这个身体把握世界。”（梅洛—庞蒂，2001，P384）

相应地，旅游者来到陌生的旅游地，身体在空间中移动，会遇到不同于惯常情境的地形地貌、风俗习惯、人情世态，乘坐不同于以往的交通工具，参与不同的活动事件，运用不同的工具设施，这些都会促使旅游者的身体图式发生改变，而这种改变意味着物质空间出现在身体结构中，成为身体结构不可分离的关联物。

1. 改变惯常行为

旅游者离开惯常居住地，来到一个陌生的地方，那里有着和常住地不一样的地理气候和风土人情。“入乡随俗”是人们应对新环境所采取的策略，这也意味着平日一些习惯性的行为会在旅途中被改变，转而因地制宜地去尝试新的做法。而“尝新”总是会让人跃跃欲试、印象深刻，如习惯了驾车的旅游者会对骑马饶有兴致，平日里使用筷子的旅游者会对第一次用手抓饭吃的情景念念不忘。旅游者“Coco”在游记中记录了让她“着迷”的山间骑行体验：

最让人着迷的应该是骑行在路上的这种感觉，在山间骑行穿梭，自由奔放，感觉全身每一个细胞都在叫喊着，无比舒畅。每一个转角、每一段下坡既惊险又刺激，既担心速度会引发的后果，同时又喜欢速度带来的冲击。[①]

初次尝试总是令人难忘，如第一次坐火车，第一次坐飞机，第一次骑水上摩托，第一次坐热气球或者第一次潜入水底。因为这些行为改变了人们惯有的身体图式，让他们拥有了新的空间体验。这些因身体图式改变而获得的体验往往会成为游记中浓墨重彩的部分。旅游者“木木木木心儿”在游记中以较大篇幅描述了她第一次跳伞的感受：

站到舱门前，眼前跳下去的一个个，蓝天，圆形弧度的地球表面，天际线，当然其实也没时间没心思看那么多东西。摆好姿势，整个人相当于挂在Flo身上，然后脑子大概还是空白的，好像冷静异常。Jonno在一旁先一秒跳下去，Flo摆了几下一跃而出。那一秒！！！那一秒真的有失控，感受到真正自由落体的感觉！之后稍微习惯了才意识到自己姿势都忘了保持，赶紧调整回来。然后看到了Jonno在面前（一直有纳闷，为什么这样就像在空气中游泳，可以随便找到对方，变换各种姿势）。之后在视频中才知道，那时候Flo已经做出提醒让我把双手打开，我却没有感觉到。然后打开双手，和他同样姿势。Jonno对我飞吻，我也努力回以飞吻，不过回得真不怎么好看啊。那是自由落体的一分钟！4572米的自由落体时间大约60秒，据说时速达到200公里！

打开了降落伞，Jonno从脚下飞速下降不见。这时候就像完全飘浮在空中，也能听到Flo在说话，超紧的眼镜罩也可以摘掉，除了耳朵因为气压像蒙了一层厚厚的东西声音缥缥缈缈很难受外，其他都很舒适。Flo让我控制降落伞，就像开车一样能控制方向！但是是3D全方位转动啊！拉右手控制，人就跟地球表面平行转动！Flo说：“Welcome to my office!”我没反应过来，他又说：“This is my office! YOU HAVE SUCH A BIIIIGG! OFFICE!”这个工作真的太棒了好嘛，还问了有没有

① Coco. 15天走遍越南，带你感受风土人情，看大海的广阔，山川的秀丽，城市的风貌.马蜂窝，http://www.mafengwo.cn/i/7114973.html.

女性教练……我想说我也有念头想以此为生!

在空中待得太舒服了，还能坐成有椅子状，这时发现因为气压气流和刚刚的高速下降，眼泪水和鼻涕都出来了。真是不好意思。①

从直立行走到飞翔在空中，身体在空间里的移动方式发生重大改变，双脚离开地面失去了支撑身体的物质凭借，地面上的一切处于身体下方，身体在空中不停地下落，在这种情境中，身体图式也相应地发生重大变化。这种变化让旅游者感受到强烈的冲击，这种体验是非同寻常的，甚至会促使他们关注自己和世界的关系。我们借助下面两个例子来看看滑翔给旅游者带来的感受:

真的很难形容当我腾空那一刻的感受，当一阵微风吹过，跟随着身后教练的指示，我们在短短几秒钟内完成了：走，跑，我好像都没有所谓的跳，就被教练带着飞上了天。最后那一刹那，我们冲出前面的悬崖，整个身体立刻腾空，并没有急速下坠的感觉，因为我们的伞已经被撑开，风正带着我们往山谷里飞去，只有那么一瞬，我的心是恐惧的，还惊叫了一声，但随后，便是傻笑了。

平稳后，教练给我调整了座椅，让我往后靠，然后拉着我的手，让我放轻松地试着飞翔……②

图6-3　飞机辅助旅游者改变视域

双脚离开地面那一刻，我感受到风吹来的方向，一种全身心的放松全面袭来，我开始放肆地乱吼，教练每一次旋转，那一种身体悬空无依无靠的绝望难以用语言来形容。慢慢地，我开始适应这场空中飞行。度过最初的恐惧，我开

① 木木木木心儿. 21周岁，完成跳伞！. 马蜂窝, http://www.mafengwo.cn/i/2888534.html.

② 花事了了LOVE，蝉游记. 将“尼”写在心上~. 马蜂窝, http://chanyouji.com/attractions/trips/160877-paragliding.

始睁开眼睛，河流、森林、远方的炊烟，还有远远的地平线。那一刻，我觉得整个世界都安静了，感觉到自己在天地间的渺小，这一种渺小让人感动，让人庆幸，让人幸福。下来后，我抱着朋友大哭，我也不知道那一刻是害怕，还是这一种特殊的体验，让我不能自已。①

改变惯常行为有时会伴随着视角的变化，使旅游者能够从一个有别于寻常的视角重新审视物质空间中的景物，获得更丰富的体验。躺在草地上面向天空和站立在地面上仰望天空的体验就差别迥异。由站立到平躺，身体高度降低，身体与地面接触的面积加大，我们无须仰头，只需平视便可看到蓝天，这与我们的日常经验完全不同。与此同时，我们的身体能够触碰到草地，感受到土地的湿度，嗅到小草和泥土的气味，当我们以这种更亲近自然的方式去面向天空时，我们的体验会变得丰富而有温度。

2. 改变视域

旅游中，还有一类较为普遍的改变身体图式的方式，那就是改变视域。例如，旅游者通过改变身体的位置，或借助相机、望远镜、放大镜，乘坐热气球、高空索道等工具改变自己的视域（如图 6–3）。当旅游者“何大鹏”近距离观察鹰、隼、雕、鹫时，体验到了语言无法描述的震撼：

男爵先生对这些搜集于欧洲、亚洲、美洲的各种猛禽显然相当自豪，觉得独乐乐不如众乐乐，于是在城堡里专门增建了一个露天剧场，每天向游客做两次时长一个小时的 Bird Show。各种鹰、隼、雕、鹫轮番生猛上场，在驯鹰人的指挥下，在游客头顶肆意飞翔，甚至直接落在游客身旁各种互动。要知道这些猛禽可都不是吃素的品种，在飞禽的世界里都是相当于狮虎熊豹的狠角色，好多品种翼展都超过 2 米，喙长超过 10 厘米，在野外往往难得有近距离观察的机会，也远非普通动物园里慵懒的住客可以相比。每次近距离飞过的震撼都远非语言可以描述。

① 末刀刀.溪霞水库滑翔伞体验丨我看到一个来自远方的自己.地宝网，http://www.tiboo.cn/lvyouzixun/b3247883/.

我利用300mm镜头，抵近拍到了许多令人咋舌的特写镜头，大呼过瘾。表演结束，男爵提出可以让其中一只比较温驯的灰头海雕停在我的手上合影留念。等这大鸟停在手上，四目对视的一瞬间，我不由打了一个冷战。鹰眼中那种兽王的傲气，和匕首一样寒光闪闪的嘴壳，再加上隔着厚厚的皮手套也能感受到紧握的利爪，让人产生一种我为鱼肉的强烈无助感。接着又看了好久呆萌的白猫头鹰，才让我缓过劲来。[①]

辅助旅游者改变视域的最典型的工具莫过于相机了。摄影的发明与现代旅游的诞生是同步的（Larsen，2004），摄影往往被视为旅游者收集符号、储存记忆的一种策略。在旅游研究领域，“大多数理论及研究都没有涉及拍照，而是直接从拍照跨越到了照片。此类研究普遍都直接进入到了照片的表征世界而忽略了照片的生产、移动及流通”（Haldrup & Larsen，2010）。然而，就像近视镜一样，相机改变了我们眼中的世界。它的使用为旅游者提供了一个观察世界的独特视角，取景框限定了凝视的范围，镜头拓展了视觉功能，让人们能够将景物拉伸至最佳位置进行观赏，并且可以聚焦于画面中不同的对象，实现图形和背景的切换。此外，快门的速度变化让世界在镜头中呈现出不同运动状态。法国作家马塞尔·普鲁斯在《追忆似水年华》（2010）中对摄影作品的分析道出了相机赋予我们新视角这一事实：

……它一般是指熟悉事物的某个奇特形象，这形象跟我们平时看到的不同，却依然真实，并因此使我们感到有两个激动人心之处，因为这形象使我们感到惊讶，使我们有非同寻常的感觉，而与此同时，它使我们想起一种印象，从而使我们回到自己的内心之中。例如，这些“优美”照片中的一张，将阐明透视法的一个规律，向我们展现某一座大教堂，这座大教堂我们一般在城市中央看到，但现在却与此相反，选择从一个点来取景，在这个点上，教堂看起来有房屋三十倍这样高，并如马刺一般竖立河边，而实际上它跟这条河相距甚远。

---

① 何大鹏.古堡真人秀与德国堡主留驻中世纪.搜狐网站，http://www.sohu.com/a/109429269_116032.

在相机的取景器中，我们借助各种功能调适着与物体之间的关系，空间因而显现出不同的面貌。梅洛—庞蒂论述了身体移动时视域变化而引发现象空间发生变化的情况：

对于每一个物体和画廊里的每一幅画，有一个观看它的最佳距离，有一个能突出它的方向：在这个距离和方向之内和之外，由于过度或不足我们只能含糊地知觉。我们追求最清晰的视见度，就像我们把显微镜的焦距调整到最佳位置，视见度是通过内部界域和外部界域的某种平衡得到的：从近处看且不能清楚地显示它的背景的一个有生命物体不再是一个有生命物体，而是一个像月亮上的景象那样离奇的一团物质，就像人们在放大镜下看一块皮肤时看到的东西；从远处看的一个有生命物体同样也失去了生物特征，只不过是一个玩具娃娃或一个自动木偶（梅洛—庞蒂，2001）。

在游记中，“小鹏”提到人们用“扫街”这个术语来指代使用相机与空间建立关联这种行为，他还描述了自己借助相机所看到的场景。

“扫街”是摄影术语（虽然保险从业人员也常用，不过他们更习惯“扫楼”），就是逮到什么拍什么，有点头脑风暴的意思。这是旅行者跟陌生之地建立联系的最快速的方式，扫着扫着，就能对这个地方有个大概了解，这儿的人是胖是瘦，这儿的楼是高是矮，这儿的天是灰是蓝……（小鹏，2015，p131）

东京涩谷站旁有个十字路口，每天几十万人来来往往，被吉尼斯世界纪录大全认证为全世界最繁忙的十字路口。……一天晚上，我又路过涩谷站，夜色被霓虹衬得繁华而浮躁，我用慢速快门拍了一张照片，结果照片上只有钉在地面上的高跟鞋是清晰的，而踩着它的那位女士却像从阿拉丁神灯里冒出来的一缕青烟——人在快步走时，脚在某一瞬间静止，身体却在始终移动着（小鹏，2012，P107）。

当拍照成为一种习惯，相机就成为身体图式的一部分，作为视觉器官的延伸，相机镜头取代了肉眼（如图 6-4）。为了能够用相机捕捉到最佳的景观，旅游者会尝试变换各种身体姿势和位置。从下面这篇游记中的描述我们就会发现，旅游者并不满足肉眼所见，他们要寻找从相机取景框中能够显现的最佳景观，透过镜头所呈现的景物取代了旅游者亲眼所见，成为旅游者与旅游地物质空间建立关联的一种方式：

图 6–4　游客透过镜头观景

至于圣托里尼，我感觉更像是希腊的凤凰，你走在商业街里只能感受商业气氛，并不能感受小镇的美，若要看到它的美，就要走到靠海的悬崖一边，那里视野开阔：火山岛、爱琴海、蓝顶教堂、悬崖酒店……你只恨眼睛不够用。但是，想拍到最佳角度的蓝顶教堂，却没那么容易。这里很多地方是私人的住宅，不能进入，相机并不能找到最佳的拍摄角度；有些地方你远远地能看到，却怎么也走不到跟前，很多条小路，没有当地人介绍很难知道哪条路进去是最佳的拍摄位置，自己去发掘可是要一些脚力和时间的。我们在费拉就看到一处相当好的风景，知道在那个教堂上面拍下来能拍到蓝顶教堂和爱琴海交相辉映的感觉，但是，走路开车试了几条路，都去不到那个最佳位置，只能眼睁睁地看着别人在上面尽情地拍婚纱照了。①

随着摄影技术的不断发展，旅游者开始尝试利用无人机进行航拍，以寻找新的视角去凝视空间：

腾冲的其他队友或多或少都去看过土楼，在群里聊时，都认为再去看土楼意义不大，这让我想到，是不是应该换个视角看土楼。想到了无人机。这样这个行程的装备里多了一件大宝贝——大疆－悟。并且在

① 5xf2bd. 穿着婚纱在圣托里尼奔跑 . 马蜂窝，http://www.mafengwo.cn/i/1284904.html.

出行的一个多星期里，操练飞行技术，只要天气允许，每天飞两架次练习。……我们先进永豪楼里转了一圈，在正厅遇到楼主人老黄。老黄很热情地给我们介绍永豪楼，介绍楼的历史以及文化，展示给我们看楼的匾额以及对联，让我们体会到当年盛世之时，这个楼的主人是如何的有远见，有文化。老黄谈吐不凡，思想前卫，后来得知，他现在在北京经营一个图书电商平台，这是过年回家与族人团聚。当老黄谈及要想看永豪楼的如何壮观，最好到门前河对面的山上去看。我们说不用这么麻烦了，我们带了无人机，可以从空中拍摄。我们将无人机搬到门前河边码头上，起飞，开始了航拍土楼之行的第一次土楼拍摄飞行。飞了一次后，觉得还有很多角度没有拍，便换了一块电池再次起飞拍摄。①

除了相机之外，借助其他工具来改变视域也为旅游者创生出难以忘怀的场片段。在下面两个例子中，旅游者通过乘坐直升机和热气球获得了俯视景观的独特体验：

在直升机离地的一瞬间，我感到身子一颤，随即找到平衡。我的视角就像挂在摇臂上的摄像机，从平视到俯视，眼皮下的风景跟着越来越小。直升机在城市上空旋了一圈，就朝大海飞去。刚刚还藏在海里的白色帆船此时已经变成深蓝画布上的斑斑点点。海面上起伏着淡淡的波涛，也像油画画布上凝固的一块块油彩。此时海岸线的轮廓越发清晰，原来蔚蓝海岸就是一个接一个凹进陆地的 U 型峡湾（小鹏，2012，P34–35）。

我曾经在家里看过日出，在海边看过日出，也在山上看过日出，可是在热气球上看日出是我最难忘的一次经历。随着热气球的缓缓上升，慢慢地看到了卡帕多奇亚的地形和地貌，地面上有很多的小山坡，也有成片的空地，也有卡帕多奇亚的特色建筑——鸽子宫。随着热气球越飞越高，田野开始慢慢亮了起来。橘黄色的微光“伏在”山顶，随着热气球的起伏，明亮的地方也忽大忽小、忽远忽近的，同样是看日出，站在不同的位置却有着不同的感觉（受访者：35wrq）。

① 潜水狼 . 航拍土楼 2016. 马蜂窝，http://www.mafengwo.cn/i/5428077.html.

（四）留痕

留痕是旅游者借助有形事物与旅游地物质空间建立关联的行为。旅游者将与自身相关的事物留存在旅游地，以期与旅游地建立起持久的关联。最典型的留痕是在景点或客栈题字留言（如图 6–5，图 6–6），这种行为古今中外均为常见，至今我们在名山大川还能觅得古代文人墨客留下的诗词题字。除此之外，留痕还表现为旅游者在宗教旅游地将自己的心愿写在一块祝福牌或祈福条上悬挂起来；在海滩度假地沙滩上写字画画；在旅游地种下一棵小树，埋下一坛酒或留下一把锁等。

图 6–5　波兰克拉克夫维耶利奇卡盐矿内的游客留痕

旅游者“三月生的 april”在游记中提到了丹麦哥本哈根的快乐墙（Happywall），这面墙由近两千块可自由翻动的彩色小木板组成，人们可以翻动木板变换色彩以组合成不同的图案，也可以在上面签名留言。

步行街的一头有个 Happywall，大家都在上边留下了自己的痕迹，我也不例外，留下自己的名字，等过几年有机会再来的时候，翻一翻曾经留下的笔迹，也不失为一种美好！①

在微信公众号“不正经历史研究所”一篇名为“最好的爱情，都留在青旅的墙上”的推文中，作者对两家青年旅舍墙上部分有关爱情的留言进行了解读。文中对图 6–6 的解读如下：

2010 年 8 月 13 日，严炬耀在青旅的墙上提前暴露了自己的求婚计划，文末巨大的感叹号呈断裂状，像是敢死队上场前砸碎的酒碗，“求”

① 三月生的 april. 法国巴黎 – 挪威奥斯陆 – 丹麦哥本哈根 ~~ 我的 10 天欧洲之旅 . 马蜂窝，http://www.mafengwo.cn/i/3123282.html.

字上少写的一点，一定是留给张莺红的钻戒，难能可贵的是，在这么激动人心的时刻，严炬耀还能认识到布达拉宫有着“上万活着死的、死着活的人们”，言语中的批判，轻巧而深刻。[①]

在文章最后，作者对青旅留言现象进行了概括性总结，进一步佐证了留痕是旅游者与旅游地物质空间建立关联的一种方式：

青旅留言墙，密不透风的文字里，是一个个鲜活的生命和这个世界相处的痕迹，不管是撕扯的、抗争的怒斥，还是温馨的、浪漫的浅吟，都饱含了留言者对自己内心的真诚，每一间青旅，都是一部平民的史记。

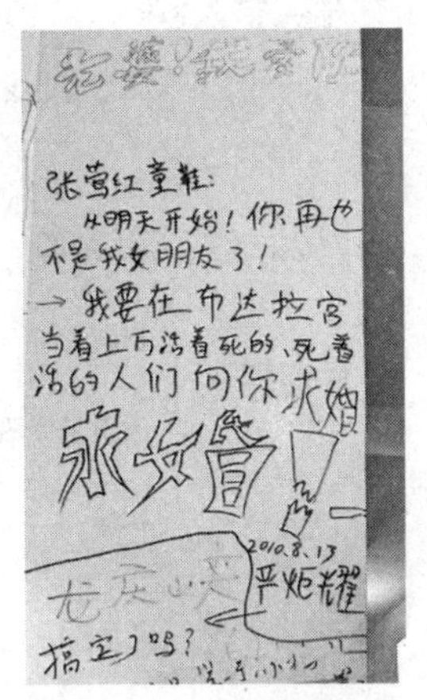

图 6–6　游客在青年旅馆墙上的留痕

留痕是旅游者借由物质空间进行自我表达的一条途径。那些与个体密切相关的过往、意义、情感、期望等通过留痕的形式转化为外在表现，使带有个人烙印的事物真实地留存在了物质空间之中，也留在了旅游者的记忆之中，由此形成了更为紧密的人地关系。

三、本章小结

综上所述，旅游者身处旅游地，只有旅游者与物质空间建立起紧密的关联才能创生出令他们难以忘怀的旅游场片段。关联的建立是旅游者与物质空间进行交互的过程，物质空间只有与旅游者切身相关时，场片段的特质才能被旅游者感受到。那么，旅游者如何才能与物质空间建立起更为紧密的关联呢？

---

① 不正经历史研究所 . 最好的爱情，都留在青旅的墙上 .［2017–08–15］. https://mp.weixin.qq.com/s?__biz=MzIyOTU4MTQ4Mw==&mid=2247484442&idx=1&sn=f79100da988915fb27f9c4d9b0e04d9f&chksm=e84133dedf36bac8c1474609dc68e0eee1b9ed27fd19e59900524dfa6d06f986a703e735eb01&mpshare=1&scene=23&srcid=08172aVDPzuqrmzZwEH04Vsk#rd.

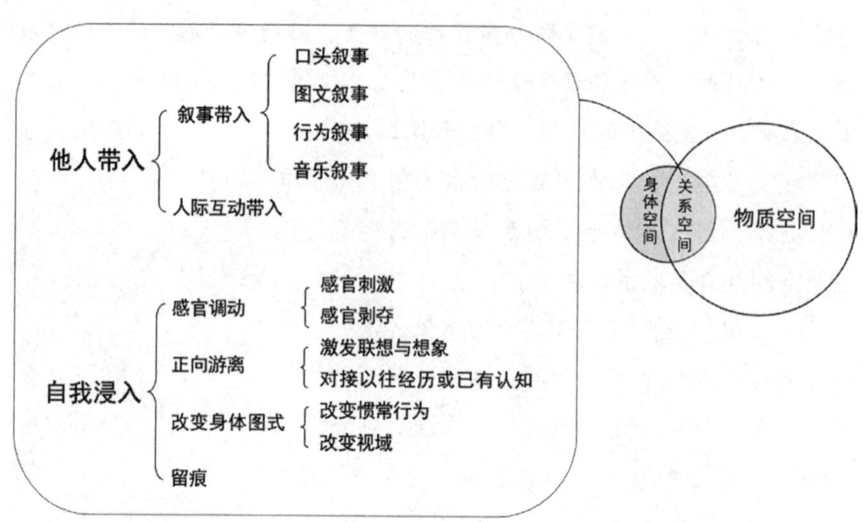

图 6-7　旅游者与旅游物质空间建立关联的途径

“他人带入”和“自我浸入”是旅游者与旅游地物质空间建立关联的两种基本途径（图 6-7）。“他人带入”指的是旅游者在他人引导下与旅游地物质空间建立关联，具体包括叙事带入和人际互动带入两种方式，其中“叙事带入”可细分为口头叙事、图文叙事、行为叙事和音乐叙事。“自我浸入”指的是旅游者自身直接与旅游地物质空间建立关联，具体包括感官调动、正向游离、改变身体图式和留痕几种方式。感官调动可细分为感官刺激和感官剥夺；正向游离可细分为激发联想和想象以及对接以往经历或已有认知；改变身体图式可细分为改变惯常行为和改变视域。

写一本书就像开车走夜路。你最远只能看见车头灯所照之处，但是你可以就这样一路走完全程。

——E.L.Doctorow

第七章　结　语

一、研究结论

旅游场究竟是什么？本研究以旅游体验为研究对象，以“表演”视角为理论分析工具，借鉴其他学科场论思想对“旅游场”进行概念重构，从时空两个维度，三个空间层面及两个时间层面对旅游场进行描绘分析。并通过参与观察、深度访谈、问卷调查等方式收集研究数据，采用扎根理论和定量研究两种方法深入探究旅游场的生成方式及运动规律。

旅游表演转向中的“表演”必须在更全新的层面加以理解，才能真正理解表演转向的理论价值。本研究通过对英文“performance”及其中文对应词“表演”的含义进行词源考察发现，二者之间的跨语言对接显现出无法完全匹配的状况，因而导致“表演”在中国学术领域的推广受阻。一方面，由于通俗性含义的遮蔽，人们对“表演”的理解难以跳出常识范围；另一方面，英文中的“表演”一词具有多重含义，加之西方学术界对其含义的拓展使该词泛化成为一个包罗万象的词语，这些在一定程度上为理解“表演”增设了障碍。面对西方语境中“表演”所具有的隐喻功能在中文语境中部分失效的情况，国内学界应寻找一个能够使其未尽含义得以表达的替代性词语，以弥合两种语言体系转换时所造成的裂隙，突显出旅游表演转向中“performance”所强调的具身性、关联性、动态性等特征。而“旅游场”这一概念恰恰能够涵盖

"performance"所强调的这些特征，"旅游场"是中文语境下具有巨大启发意义的词语。这是本研究的第一个结论。

本研究透过表演的视角，用场的观念去审视旅游体验，强调旅游者与空间的对话关系，并在旅游场现有研究基础上，通过对旅游体验进行现象学思辨，同时借鉴其他学科的研究成果，将旅游场定义为旅游者以具身表演的方式建构而成的情境化现象空间。同时，对该定义的内涵作出以下解释：第一，旅游场的存在源于旅游者的具身体验。第二，旅游场既非单纯的客观存在的空间，也非单纯的主观存在的空间，而是一个具有主体性的主客观合一的现象空间。第三，旅游场并非同质的、静止的，而是一个连续的、随情境不断发生变化的现象空间。本研究认为，旅游场的最基本特征是具身性。这一基本特征具体表现在四个方面：第一，以身体为中心。在旅游场中，旅游者身体是感知的中心和坐标原点。第二，身体关联性。在旅游场中，旅游者通过身体与周遭事物建立关联，形成对旅游场的认知并赋予其意义。第三，多感官性。在以旅游者身体为中心的旅游场中，旅游者借助具有多种感官的身体来把握世界。第四，连续性存在与非连续性记忆呈现。旅游场是一种连续性的存在，但旅游者对旅游场的记忆呈现为非连续性状态。这是本研究的第二个结论。

本研究提出通过时间和空间两个维度，物质空间、身体空间和关系空间三个空间层面和时间指向、时间速度两个时间层面去解析旅游场的时空特征。并将旅游场视为一个由多个场片段和场片段过渡按时序串联而成的动态变化过程。场片段是旅游者根据自身体验界定出的相对独立的时空场景。场片段的场强相对较高，会对旅游者产生较大吸引力或排斥力。不同场片段之间的连接部分被称作旅游场片段过渡。场片段和场片段过渡就像戏剧中的幕和场，二者交相更替完成时空的转换和情节的推进。这些认识为研究旅游场搭建起一个结构性分析框架，给后续研究提供了一条可行的路径。这是本研究的第三个结论。

旅游场片段是旅游场的核心构成部分，按不同尺度可将其划分为不同的类型。根据场片段持续的时间长短可划分为定格型场片段和连续型场片段两种类型。根据场强方向可划分为正向旅游场片段和负向旅游场片段。根据旅游场运动方式可划分为具有内在戏剧性的场片段和具有外在戏剧性的场片段。旅游者在旅游场片段中获得的场感具有内向和外向两大取向，具体可分为三大类型，其中外向取向包含两种类型。第一类是内向场感，是从旅游者自身角度出发对旅游场进行评价。第二类是与外物相关的外向场感，旅游者从物的角度描述旅游场给他带来的感受。第三类是与他者相关的外向场感，场感来源于旅游场中的其他人。场感的形成是多个要素共同作用的结果，这些要素包括：包含人造物和自然物在内的稳固因子，包含人为氛围和物造氛围在内的动态氛围因子，包含他者行为、旅游者非人际互动行为、旅游者人际互动行为在内的行为因子，包含经验对比和前期印象在内的先在因子以及事件因子和现场状态因子。通过定量研究发现，内向场感比重较大并随年龄增长呈明显下降趋势，身体及景观相关因素对获取场感最重要，内向、外向场感对于“亲身参与”因素的重要性评价差别最大，内向场感对身体相关因素的重要性评价普遍高于外向场感，时间感主要与旅游者自身生命历程相关联。这是本研究的第四个结论。

旅游场的时间是旅游者体验到的时间。本研究分别从时间指向和时间速度两个层面对旅游场片段的时间特征进行解析。通过对时间指向进行分析发现，旅游场的时间指向可以经由两种通道出场：一是旅游者的个体经验，沿着这条通道时间指向旅游者生命历程的不同时期或与旅游者个体相关的其他参照时间；二是集体经验，沿着这条通道时间指向集体认同的与社会历史文化相关的时间。从物质空间来看，时间指向可较为粗略地划分为过去时代、现今和未来时代，或者也可以按历史时期或年代进行区分。当物质空间的时间指向不能与某个历史时代相联结时，它可能会与个人经验取得联系，而指向与个体生命相关的其他参照时间。而有些物质空间则并不具有明确的时间指向。从身体空间来看，时间指向也体现为个体经验层面的时间指向和集体经验层面的时间指向。从个体经验层面来看，那些与个体生命历程相关的装束和行为习惯会将时间指向个人的过去；而与现在的自己相符的服饰和行为习惯则指向现在的自己；而按照未来自己的样子去装扮或行事则会让时间指向自己的未来。从集体经验层面来看，身体空间中那些带有历史时间符号的服饰和行为会让人感受到不同的时代。在关系空间中，旅游者与旅游地建立起多种关联，并由此生成多种时间指向。这些时间指向主要以单向时间、双时并置和多时混置三种形式存在于关系空间。通过对时间速度进行分析发现，旅游场中的时间速度是通过身体感受或外物的运动状态获得的，表现为以速度为零和速度无穷大为端点的连续统，其中主要体现为时间变快、时间变慢、时间凝固这三种状态。这是本研究的第五个结论。

旅游者只有与旅游地物质空间建立起紧密的关联才能创生出令他们难以忘怀的旅游场片段。“他人带入”和“自我浸入”是旅游者与旅游地物质空间建立关联的两种基本途径。“他人带入”指的是旅游者在他人引导下与旅游地物质空间建立关联，具体包括叙事带入和人际互动带入两种方式，其中“叙事带入”可细分为口头叙事、图文叙事、行为叙事和音乐叙事。“自我浸入”指的是旅游者自身直接与旅游地物质空间建立关联，具体包括感官调动、正向游离、改变身体图式和留痕几种方式。感官调动可细分为感官刺激和感官剥夺；正向游离可细分为激发联想和想象以及对接以往经历或已有认知；改变身体图式可细分为改变惯常行为和改变视域。这是本研究的第六个结论。

二、研究不足

本研究至少表现出以下三个方面的不足：

第一，本研究借鉴了国内外相关文献资料，并依托于定性资料，试图重构旅游场概念，但囿于理论思辨能力和知识架构有限，对研究资料的处理和分析尚有不当之处，对相关概念与观点的思考和阐述仍有改进完善的空间。

第二，尽管本研究为旅游场搭建起一个理论分析框架，但文中只涉及了旅游场构成中最核心的场片段部分，并未涉及旅游场片段过渡部分。尽管场片段过渡在整个旅游场中的层级居于场片段之下，但却是旅游场的有机构成部分，同样对旅游体验的整体效果和走向具有重要影响。这是本研究的失当之处，也是未来研究的着力之处。

第三，本研究定量数据收集采用的是网络问卷的方式，问卷发放采用滚雪球式抽样法，这在一定程度上会导致样本在年龄、受教育程度、职业结构方面具有局限性，因此就规模庞大的旅游者来说，本研究所抽取的样本在代表性方面必然有缺陷。另外，本研究在数据挖掘方面还不够深入，有待进一步加强。

三、研究展望

旅游场是一个充满未知、有待进一步深入研究的领域。这一概念的提出，有望将旅游体验研究中相互割裂的要素重新融合在一起，从静止转向流动，从身心分离转向身心一体，从面向要素转向面向关系，展现出旅游体验研究所拥有的深广空间。在未来，旅游场相关后续研究可考虑从以下几个方面着力。

第一，分别针对定格型场片段和连续型场片段，正向旅游场片段和负向旅游场片段以及具有内在戏剧性的场片段和具有外在戏剧性的场片段进行研究，深化对于不同类型旅游场片段的认识，探究各类场片段的运动变化规律。

第二，将旅游场研究从个体层面提升至群体层面。旅游者在出游时大多结伴而行，不同旅游者之间的场交叠现象普遍存在。在这种情况下，不同旅游场之间会产生怎样的作用？交叠后的旅游场在场强、场感方面有着怎样的运动变化规律，这是未来研究需要关注的一个问题。

第三，借鉴戏剧、音乐、建筑等学科现有理论，探讨旅游场片段和场片段过渡的时空编排方式和节奏变化方式，从整体上把握旅游场的体验节奏和场感类型变换，让旅游体验设计走向精致化、可操作化，这也是未来研究的一个重要方向。

附　录

附录 A：插图来源

图3–1，图3–2，图3–3，图3–4，图3–5，图4–1，图4–2，图4–3，图4–4，图4–5，图4–6，图4–7，图5–1，图5–3，图5–5，图5–7，图5–8，图5–10，图5–11，图5–13，图5–16，图5–17，图5–19，图6–1，图6–2，图6–3，图6–4，图6–5，图6–7由作者绘制或版权归作者所有。

图5–2来源于http://travel.china.com/vane/hotel/11119699/20140310/18383759_1.html。

图5–4来源于http://travel.163.com/photoview/17KK0006/2139193.html#p=CJTHSOHN17KK0006。

图5–6，来源于http://www.jiemian.com/article/1271667.html。

图5–9来源于http://www.sohu.com/a/17280718_115316。

图5–12来源于http://www.mafengwo.cn/i/6930608.html。

图5–14来源于http://www.zhangzishi.cc/20150225dm.html。

图5–15来源于http://www.zhangzishi.cc/20150225dm.html。

图5–18来源于http://www.mafengwo.cn/i/21572335.html。

图6–6来源于http://mp.weixin.qq.com/s/PzJOZsSBrrLx2m1zEt0XoA。

附录 B：访谈大纲

结构式访谈大纲：

请回忆以往旅游经历中令您印象深刻的某个场景，并详细描述该场景。

非结构式访谈大纲：

1. 请回忆一下旅行中让您印象深刻的某个场景。请说说那是怎样的一个场景。

2. 在那个场景中，是什么让您如此印象深刻，场景的氛围如何？

3. 请用 1~2 个词概括一下您当时的感受。

4. 在那个场景中，您做了些什么，获得了什么体验，其他人呢？

5. 在那个场景中身体有没有什么特别的感觉？

6. 是否感觉自己置身于另外一个时空？

附录 C：调查问卷

调查问卷编号：　　　　　　　　　　调查地点：　　　　　　　　　　调查时间：

旅游体验调查问卷

尊敬的先生/女士：

您好！为深入研究旅游体验，我们特别设计了这份调查问卷。请您根据自己的实际情况选择答案。问卷采取匿名的方式，调查结果只用于研究分析，我们将对您所填写的信息严格保密。希望能够了解您的真实想法，衷心感谢您的参与！

➔ 请挑选与您相符的选项并在方框□内画记号√。

- 您的性别：□男　□女
- 您的年龄：

  □18 岁以下　□18～24 岁　□25～30 岁　□31～40 岁
  □41～50 岁　□51～60 岁　□61～70 岁　□70 岁以上
- 您的婚姻状况：

  □已婚　□未婚　□其他
- 您的家庭人口：

  □单身　□2 人　□3 人　□4 人以上
- 您的受教育程度：

  □初中及以下　□高中或中专　□大专　□本科　□硕士　□博士
- 您的职业：__________
- 您现在主要居住在：□乡村　□城市
- 您小时候主要居住在：□乡村　□城市 → 您在城市里已经居住了______年。
- 您的常住地是：______省（自治区、直辖市）______市______区（县、旗）

- 请回忆旅游经历中让您印象深刻的某个场景，并对该场景体验效果做出评价：

  □非常满意　□满意　□一般　□不满意　□很不满意
- 请描述一下这个场景：

  当时您在哪儿？____________________
  和谁在一起？____________________
  做了些什么？____________________
- 是什么触动您使得这个场景如此印象深刻？（可多选）

  □新奇的事物　□熟悉的事物　□导游或专家的解说
  □我与他人的交往　□同行游客的行为　□其他非同行游客的行为
  □当地人的行为　□服务人员的行为　□与氛围不和谐的事物
  □自己的行为　□身体的感受　□现场解说文字或影像
  □以往的经历　□其他（请注明：__________）

● 请用 2~3 个词语概况您在该场景中的感受：

____

● 这个场景让您感到：

□穿越到以前的朝代　□关注当下　□穿越到未来

□回想起自己的旧时光　□想到自己的未来　□想到自己的现在

□感受到古今对比　□感受到多个年代共存

□其他（请注明：______________）

● 请判断下列因素对获得该场景体验是否重要：

	非常重要	比较重要	一般	比较不重要	非常不重要
拍照设备	□	□	□	□	□
能营造氛围的物品	□	□	□	□	□
与当地人接触	□	□	□	□	□
他人的穿着打扮	□	□	□	□	□
自己的穿着打扮	□	□	□	□	□
同行游客的行为	□	□	□	□	□
其他非同行游客的行为	□	□	□	□	□

	非常重要	比较重要	一般	比较不重要	非常不重要
亲身参与	□	□	□	□	□
视觉感受	□	□	□	□	□
听觉感受	□	□	□	□	□
触觉感受	□	□	□	□	□
味觉感受	□	□	□	□	□
嗅觉感受	□	□	□	□	□
身体动觉感受	□	□	□	□	□

	非常重要	比较重要	一般	比较不重要	非常不重要
当时的心情	□	□	□	□	□
事先对旅游地的了解	□	□	□	□	□
他人提供的服务	□	□	□	□	□
景观的品质	□	□	□	□	□
导游或专家讲解	□	□	□	□	□
现场解说文字或影像	□	□	□	□	□
游览时间的安排	□	□	□	□	□
游览过程的安排	□	□	□	□	□

● 请根据您的感受对下列说法作出判断。

	非常同意	比较同意	一般	比较不同意	非常不同意
(1) 氛围的营造主要靠景物	□	□	□	□	□
(2) 氛围的营造主要靠其他人	□	□	□	□	□
(3) 氛围的营造主要靠我自己	□	□	□	□	□
(4) 这样的场景可遇不可求	□	□	□	□	□
(5) 我感觉自己完全沉浸在场景当中	□	□	□	□	□
(6) 难以相信自己经历的一切是真的	□	□	□	□	□
(7) 这个场景让我感到似曾相识	□	□	□	□	□
(8) 这个场景带给我全新的感受	□	□	□	□	□

	非常同意	比较同意	一般	比较不同意	非常不同意
(9) 我成为人们关注的焦点	□	□	□	□	□
(10) 我没有注意到别人	□	□	□	□	□
(11) 我一直在关注别人	□	□	□	□	□
(12) 我感到这个场景是动态变化的	□	□	□	□	□
(13) 我感到这个场景是静态不变的	□	□	□	□	□
(14) 我有渐入佳境的感觉	□	□	□	□	□
(15) 我身体所处的空间位置很重要	□	□	□	□	□
(16) 场景具有仪式感很重要	□	□	□	□	□

	非常同意	比较同意	一般	比较不同意	非常不同意
(17) 场景中的一切似乎和我无关	□	□	□	□	□
(18) 我感觉一瞬间就被场景吸引了	□	□	□	□	□
(19) 我感到内心很平静	□	□	□	□	□
(20) 我感到内心很不平静	□	□	□	□	□
(21) 场景像照片一样瞬间定格	□	□	□	□	□
(22) 场景像戏剧一样跌宕起伏	□	□	□	□	□
(23) 我经历的超出了原来的预期	□	□	□	□	□
(24) 我经历的都在意料之中	□	□	□	□	□

● 请留下您的联络方式（电子邮箱、QQ、微信均可）以便与研究人员进行深入交流，非常感谢您的热心参与！

电子邮箱：______________ QQ：______________ 微信：______________

附录 D：游记与访谈资料选录

1. 游记（略去照片）

题目：『塞北天路』—— 贰肆零零公里『自驾』全记录

作者：zhang_xunan（北京 海淀区）

来源：http://www.mafengwo.cn/i/7079246.html

三零这一年

敲下文字的这一刻，彻底和二字开头的时代说句再见，这十年说不上好也说不上坏，尽力在按照自己想要的生活在过，读书毕业工作，空闲的时间出去走走看看这个世界，忙忙碌碌中过着最平凡的生活……

去年二十九的生日，为了好好纪念一下，去龙目岛爬了林查尼火山，希望能给自己留下些深刻的回忆，今年的生日原本订了去热浪岛简单地度个假，海边吃吃喝喝，让自己好好思考下未来这十年应该怎样过……

然而端午前两周，朋友微信问我，去内蒙古自驾不，想提前为我庆生，我一点都没犹豫就答应了，请了两天假，就这样来了一场说走就走的旅行，为三零这一时刻的到来热个身……

青春总不该很本分地度过，所谓的这些数字都只是些数字而已，不应该强制地给他们增添本来没有的色彩，身体和心灵必须有一个在路上，如果可以的话，两者最好都在。在大城市待久了，就会想逃离它固有的浮躁与单调，驰骋至千里外的青青草原，去寻找诗和远方……

看了很多公路电影，很喜欢那种开着一辆车行驶在空无一人公路上的感觉，简单自在享受大自然。前两年一部电影《狼图腾》让自己知道了东乌旗乌拉盖这个地方，在内蒙古大草原的深处，除了大家所熟知的呼伦贝尔、阿尔山等地，原来还有这样一条绝美的塞北天路。虽然五月下旬的这里，草刚刚长出来，寒冷的冬天也才和这里说再见，即便自然景观不像夏秋时节那样醉人，然而一想到那些狼群曾经在这广袤的塞北大草原上驰骋，心里就迫不及待地想开启这段充满期待的旅程。电影中的一幕幕会在脑海中闪过，那些对自由的渴望以及在路上可能遇到的种种未知…… Don't fear the unknown，just do it，这就是旅行最大的快乐！

感谢这几天陪伴我一同出行的好朋友，以及这几天旅行中每走过一个地方遇到的人和风景，即便很多景区还没有正式营业，工作人员都免费让我进去体验，并非常热情地给我介绍这里的历史与风土人情，让我更好地领略到了内蒙古人民的善良与好客。

更要感谢这几天一路陪伴我们的小灰（一汽－大众 C–TREK 蔚领），五天半跑了两千四百公里路，回来后好好给做了个大保健，一路性能表现出众，不愧是跨界旅行车里面的小钢炮，即便在很多土坑路也没有掉链子，希望有机会可以带着你一起领略我未曾领略过的风景，一路相随，在旅途中找寻最真实的自我。

贰肆零零公里塞北风景

此次出行前后都算上安排了 5 天，全程自驾少不了导航的帮助，在城市里面，高德地图比较好用，到了内蒙古那边，尤其不走高速的道路百度地图给出的时间估计更加准确。沿途经过的主要区域：北京—张家口—草原天路—太仆寺旗—经棚镇—达达线—西乌旗—乌拉盖—东乌旗—热水塘镇—赤峰—北京，除了达查线和大水菠萝 S204 修路需要绕行段路况很差以外，其余的无论是国道还是省道都非常好开，实际开的时间要比导航预计的时间短，详细的路线请参见游记目录最后一部分。

「第一天」北京—张家口宣化区

「第二天」张家口—草原天路—太仆寺旗（锡林郭勒盟）—经棚镇（赤峰市克什克腾旗）

「第三天」经棚镇—达达线 — 达查线 — 西乌旗 — 乌拉盖（锡林郭勒盟）

「第四天」乌拉盖 — 东乌旗 — 西乌旗 — 热水塘镇（赤峰市克什克腾旗）

「第五天」热水塘镇 — 赤峰市 — 承德市 — 北京市

C1- 帝都黄昏夜

五月的帝都天气实在是好到没话说，可以说这半年帝都的天气都很不错了，也许是春天风大，内蒙古的沙被厚厚的防护林挡在城外，那我们就要出城看看，那边的风沙到底有多大。晚上和小伙伴在公司会合出发，由于我本身就在北边直接出去不远就可以上 G6 直奔张家口了。在等小伙伴过来期间，吃个便饭去园区里遛个弯，随手拍了几张，感觉周末天气好的话，这里的确是个遛弯休闲的好地方。

出发前检查了下车，还有半箱油，觉得到了张家口第二天出发再加就可以了，主要车也比较省油。怕沿途无聊，带了好多吃的喝的，足足装了两大纸盒箱，此外四个人每人一个 20 寸的箱子，都塞到后备箱后，发现还有很大的地方，我们就把毯子和水桶也放了进去。原以为这个季节也应该可以野餐，后来天气告诉我们想太多，初夏的草原早晚温差很大，中午暴晒风很大，所以想野餐还是留着夏天再去吧。当时选中这辆车，销售就有说，后座压下去最多可以同时容纳 8 个 28 寸行李箱和 8 个 20 寸小的行李，后面还有 12 伏电源，可以带个小冷藏冰箱一起上路了，争取十一搞个长假期，一路从北京开到西藏，未来最好可以漫游整个华夏大地。

整理完毕后，等待小伙伴过来找我，九点半左右从园区出发，途经 G6 直接上高速，沿途都还好，只有到了八达岭那逢走必堵的地方有些大车，开的时候一定要小心，不要跟得太近。两个多小时就到了宣化提前预订好的酒店，由于不是旅游旺季，每天住的现预订就来得及，带着对未来几天满心的期待瞬间进入梦乡，其实是工作一天累了。在大城市待久了，写字楼里小小的工位会让自己时不时地就思考一个问题，我们做的这些工作究竟有什么意义，这个世界会因为我们每天处理的这些问题而有一点点不一样吗？很多时候，只怪自己想太多。

C2- 初夏的草原

清晨，阳光照得刺眼，看看手机才 6 点多，离开一、二线城市，其余的城市都差不多，上学上班的在早餐铺子吃早点，大叔大妈在早市买水果买菜，市井得很，也陌生得很。我们吃过早点，收拾好东西就开着车上路了，前往今天行程的第一站——草原天路。

三四年前和小伙伴去过两次，那个时候还叫草沿天路，人也没像现在这么多，沿途也没有农家院，自从被挖掘出来后，帝都的人们就络绎不绝地在周末前往，导致一条天路每逢节假日必堵。建议前往的朋友可以周五请一天假，周四晚上出发，这样才能够更好地感觉自驾的畅快。

5 月中旬的这里，草和树木已经长出来了，嫩绿色会给人一种充满生机和力量的感觉，如果是秋天来这里看风景，蓝天白云与红绿黄颜色的草相得益彰，会为你勾勒出一幅油画般的彩色世界。

开着车穿梭在人烟稀少的树林中，有种自驾在欧洲小镇的感觉。

我们这次直接经过崇礼开到桦皮岭，也就是草原天路的东起点，百度导航如果定位不到，可以设置到永兴农家院，从宣化出发，总计 90 公里，大约用时 1 小时 30 分钟。景区现在又不收费了，门口有大的牌子提示你进去天路地带，还有 66 号公路的 logo，虽然不是旺季，沿途零星的还是有一些自驾出行的。

草原天路沿途有很多观景台，随时可停下来欣赏风景，山上风还是很大的，来这边自驾尽量还是开 SUV 好些，底盘高尽量避免剐蹭，遇到下雨天趟个水坑也不用担心，远远望着我们的小灰，线条还是非常大气的，阳光照射在车身表面，足显其高贵感，高位底盘设计也才让我更放心地开着它来到这广阔的大草原。

“草原天路”全长 132.7 公里，公路沿线蜿蜒曲折、沟壑纵深，分布着古长城遗址、桦皮岭、野狐岭、张北草原等众多人文、生态和地质旅游资源，这里是锡林郭勒大草原的边缘。百里之间，道路左右徘徊曲折，喜欢自驾的朋友一定会非常喜欢这个地方，让你找到驾驶的乐趣。

桦皮岭这边的地势比较高，植被茂密，夏季野花遍布山头，山花烂漫，蓝天如洗；秋季，漫山遍野五颜六色，美丽至极。

沿途除了草原梯田，看到最多的就是风车了，一座座高高耸立沿着天路蔓延开来，占满了整个视线。白色的风车、蓝天白云，还有绿色草原相得益彰，构成天路最经典的风景之一，野狐岭是西侧的入口，这边的风车非常多。

在这里开了 3 个多小时，前往太仆寺旗吃午饭，我们到达这里大约 2 点，打开手机 App 看推荐选择了在坝上人家莜面村吃的午餐，周边的各种手抓肉看着也不错，只是为了后几天的肚子着想，我们先放弃了一开始就大口大口吃肉的打算，这边分量都很足，点菜的时候可以看看隔壁桌子的盘子作为参考。

吃饱喝足，我们继续上路，前往今天的目的地克什克腾旗经棚镇。从太仆寺旗到经棚镇 320 公里，大约用 3 个半小时，开始走锡张高速，这边的高速可不像我们想象的两边是护栏，大草原实在是太平坦了，只有中间有，两侧几乎都是开放式的，在应急车道停个车拍个照（注意安全），所谓最美的风景真的都在路上。

这一天是我们此次出行天气最好的一天，所以一定要珍惜每一个在外面玩耍时候的好天气，有蓝天有白云，在大草原这种地方如果少了白云总是差了几分意思。

沿着高速大约行驶一半路程就会走 S105 段，沿途风景非常美，地貌也存在很多的变化，从草原到沙地都有很多树木植被。

下了高速，再加上太阳没那么高高挂在头顶时，打开超大全景天窗，从不同的角度来欣赏大草原的美，大口呼吸 AQI 不到 10 的新鲜空气，彻底和城市的疲劳说再见，享受大自然的快活。即便是下午打开天窗也没问题，5 月的草原不像夏天那么酷热，此外天窗的玻璃也都防紫外线，还有电动遮阳帘，完全可以站起来，举起双手对着远方大吼几声，缓解压力。如果是夏季来，就可以带着帐篷和山地车了，直接放在车顶全铝行李架上，白天找个好的道路骑上几个小时，晚上在没有任何光污染的地方欣赏漫天繁星，想想就非常让人期待，争取 8 月的时候再来一次，不过一定要注意防蚊虫。

每天的路线都可以事先好好规划下，如果没有合适的山头看落日，我比较倾向选择在路上看，因为草原地带地势都很低，几乎不会有太多遮挡，此外傍晚的时候光线也是最好的，可以上午中午多赶路，傍晚时光尽情玩耍拍照。

但是万万没想到的是，最后距离经棚镇 20 多公里的 105 路段在维修，眼看前方就要到达目的地了，必须得绕行一个大弯多开 70 公里，还经过丹锡高速，这个高速就是开进去再开出来，不过一切都是最好的安排，在路上看到了最美的日落。

车开了一天，有些脏，然而光线打到上面呈现出的光斑反而更加有味道，还能看见不同的位置反光出现三个太阳的景象。其实仔细想想人生不也就这样，你着急拼命地想要到更高的地方，过更好的生活，其实殊不知最愉快幸福的时刻就是享受当下。

最后到达经棚镇快晚上 8 点多了，找了几家酒店，不是旅行旺季，客栈都没有人住，一般从端午后开始陆续会有些游客，到了暑假爆满，价格翻倍。我们最后住在了克什克腾旗天之蓝假日宾馆，晚饭是在锦州烤串吃的，其实到了这边，有一种回东北的感觉，路人的口音也接近，也知道锦州小烧烤比较有名，都说从那边请的师傅过来做的，味道还算不错。酒店对面有个洗浴很不错，同行的小伙伴去感受了下，解除一天的疲劳。

C3- 梦中的狼图腾

自己算是个随性的人，然而却做不到万事洒脱自如，就比如说早上起来看外面的天气，就有丝丝的郁闷，记得几年前端午来草原的时候天气就不是很好，所以每次出行来这种地方就怕天气不给力，因为它的确会在很大程度上影响你的视觉观感，进而影响你的心情。

更主要的是，我们今天上午的行程就是要穿越自驾圣路的达达线，那笔直的公路配上蓝天白云才是应有的调调，可生活总不会如你所愿，还是得接受天气不太给力的事实。经棚镇到达达达线起点（导航可搜贡格尔汗城）大约 50 公里，用时 40 分钟左右。

达达线，被称为中国最美的草原公路，全长 135 公里。起始于达里湖，终结在大兴安岭的南端阿斯哈图石林。几年前的端午和朋友来过这里，去了达里湖，当时去的天气也不是很好，所以还是建议小伙伴们如果想来大草原还是夏秋季节更合适。

达达线开出一段距离后，南边的天空比北边蓝很多，路边的小野花也开了，马儿在里面尽情玩耍。

沿途道路两侧都有小型的标识，告诉开到了达达线的第多少公里，大约在 60 公里的时候就会穿越白音敖包的沙地云杉，这里草原和沙地会组合成另一番不同的景象，当我们开到这里的时候天气也放晴了很多。看到下图，有没有想要亲自来体验的感觉，在这种笔直的公路上随意一拍就是公路大片。

一路前行，之前看攻略，大部分人是走达达线—热阿线到达热水塘镇的，很少有从这里继续走达查线前往西乌旗的，可是我们为了不走回头路，同时也为了探索路的美景，就选择了达查线上 S204 前往西乌旗，在自驾论坛上有人会提到说这段路不是很好走，大约 30 公里的土路，四驱没问题，小车还是有些吃力的，需要慢慢开，大约一个小时，过了这段就没事了。大家商讨后，抱着试试看的心态往前开，当真的开到这附近时的确有些小崩溃，路实在是有点烂，不过还好车的座椅非常舒适，时间久了也不会累。攻略还是有很大帮助的，地图也很准确，这段路会显示未知道路，开到下图这个位置，前面就是康庄大道，痛苦的过程就结束了。

开完这一小段路，还是对车有些心疼的，不过还好宽大轮罩及大包围设计能在很大程度上防止砂石飞溅对车的伤害。希望政府能够重视这边道路的维修，路修好了，才会有更多的人来这里。到达西乌旗的时候，已经是中午1点多了，在这里找了一家中餐馆，点了东北特色锅包肉、烧茄子以及酸菜炖粉条，还是比较正宗，肉片切得有些薄，不过比较酥脆可口。在这边吃饭真是有种回到自己老家东北的感觉，每桌的人都把酒言欢，爽朗豪迈的笑声让自己瞬间也变得更加放松。

原本的计划是从西乌旗途经东乌旗再去乌拉盖的，但是感觉时间有点不够用了，为了去乌拉盖九曲湾看日落，我们临时就决定从西乌旗直接去乌拉盖了，至于东乌旗明天早上再去就好了，自驾的好处就在于此，全程280公里，大约4小时，这个季节的落日在7点多，所以能在6点前到达景区是比较理想的。

这里要补充下，西乌旗到乌拉盖沿途风光不亚于达达线，笔直的弯曲的公路非常多，而且下午的天气和光线更适合拍照，我们也没特意地赶路，想拍照就把车停下来开始尽情地玩耍。由于公路很笔直，我们就试了试车的定速巡航功能，速度设定到了80，车自己就匀速前进了，不过遇到下坡的时候，还是需要控制下的，现如今的车都有了这功能，是不是无人驾驶离我们真的越来越近了。导航搜索九曲湾建议用高德地图，因为百度地图上好像搜不出来这个具体地点，不过可以搜乌拉盖水库，从水库到九曲湾也就20公里路。其实乌拉盖管理区离水库及九曲湾还是有一定距离的，大约50公里，沿途会先经过乌拉盖市区，这里相比于之前去的几个小镇都繁华，一看就应该比较有钱，我们临时也决定虽然晚上从山上下来天黑了，但是赶50公里路到这里应该能吃得好些，住得好些。

继续往前开着，快到达九曲湾入口有指示牌，从指示牌到景区大门口沿途会经过乌拉盖水库，开个30多公里就可以到了，这边也有一些饭店和酒店，如果不想回到乌拉盖市区住，也可以在水库边上住，第二天早上还可以看个日出。我们到达景区的时候，发现正在维修，管理人员说得端午后才正式对外开放，我们说了这次旅行的目的，并且非常想进去看个日落。在旅途中总会遇到热心帮助你的人，他们说由于晚上内部组织活动，就不能让开景区车的师傅等我们下来，同意我们把车开到山脚下，玩的过程中注意安全就好，也没有收门票，当时我们真的是感动不已。

九曲湾位于乌拉盖湖东面，与湖入口相连，属低山丘陵地带，爬到山顶往下望去，人类也只能叹服于大自然的鬼斧神工，我们将车停到山下面的时候，正看到一群劳作的人们刚要回家，他们在重新铺垫草坪和方便游客上山的路。

整个山上只有我们几个人，在没有太多游客的季节，沉醉于浑然天成的美妙画卷，独享这天人合一的风景中，不禁想喝上两杯，谈谈人生，谈谈理想和那些未完成的梦。

日落的山头应该就是高尧乌拉山，该山在低山丘陵地带较为险峻，草毯茂盛。从这里可以清晰地俯瞰蜿蜒的乌拉盖河静静地徜徉在碧绿的草地上。历史上的灰腾战争古战场就在此地，公元 1202 年成吉思汗和扎木哈在灰腾交战，历史上称“灰腾战争”，该战役为其统一蒙古大业奠定了坚实的基础。

当我们爬到了山顶，看到山下这美好的景象，真的会忘记一切烦恼，只会身临其境感受大自然的雄浑。也知道为什么很多导演会在这里取景拍摄电影，1983 年历史巨片《马可·波罗》就在这里拍摄了大量外景，1998 年邮电部发行的锡林郭勒特种邮票小型张也选用了九曲湾图案。由于乌拉盖草原具有完好的草原生态性，由法国导演让·雅克·阿诺执导，冯绍峰、窦骁等主演的电影《狼图腾》取景于此，并于 2013 年 12 月 16 日在内蒙古乌拉盖草原杀青，并于 2015 年 2 月 19 日上映。

虽然如今这里看不到狼的影子，可是空旷的草原在夕阳的照射下，不禁会让人有种时空穿梭的遐想。蒙古民族不仅将狼作为自己民族的图腾、崇拜的对象，而且，死后会将尸体放到狼出没的地方，实施“天葬”。他们相信狼会带领他们上天堂，狼是蒙古人敬畏的敌人，也是他们相伴一生，甚至是来生的朋友。

山上的风很大，这个季节还是有些冷，日落后我们便下了山，天已经微黑，离这里不远就是电影中知青小镇的取景地，可惜我们时间不够了，也就没有赶去，给九曲湾的景区大门拍个照我们就匆匆离去了。

开车回去大约一个小时，我们入住在了乌拉盖大酒店，不是旺季住宿也比较便宜，而且环境非常不错，我们找了一家饭店点了鱼和排骨锅，和饭店的服务人员聊了聊，随口问了下这里开客栈赚钱吗，老板说2014年开始装修了很多酒店，那时候第一年还不错，夏季的时候都没有房间，然后2015年商家为了赚钱就各种涨价，一晚住宿五六百，导致2016年就没什么人来了，途经去阿尔山的都绕道或者前往下一个小镇住，所以去年都赔了，今年据说政府开始管控了，重新将景区规划了，也不允许随意涨价了，希望让自驾的游客重新爱上这里。

C4- 偶遇沙尘暴

自驾的第三天，当地的天气真是说变就变，昨儿还是晴空万里，今儿就乌云满天，而且白天最高气温只有十六七摄氏度，起来出去感受了下真是很冷，就让同行的小伙伴回去多加了些衣服。吃过早饭，首先前往了布林泉景区，狼图腾的另一个取景地兵团小镇也在这里，在管理区的正北面，只有10公里路程的车程。这里是3A级旅游景区，包括布林古庙、泉上八角亭、木栈道、蒙古包群和各类动物雕塑及天然的原始生态草原、泉水、额尔敦敖包山和各种野生植物等自然景观。我们来的时候也在重新维护，没有正式营业，不过管理人员还是很热情地让我们进去了，再次感到这边人们的热情与友好。

这里的泉水甘甜可口、富含多种矿物质，四季长流，日流量为4000立方米，常年温度为5摄氏度，也被认定属纯天然无污染的优质矿泉水。鉴定pH值是7.85，其中矿物质锶的含量比一般同类型矿泉水高20多倍，可降低心血管病死亡率。长期饮用锶含量高的矿泉水具有抗衰老、抗癌症、增强免疫功能的作用。

据说，1170年，成吉思汗的父亲带着九岁的铁木真前往母家弘吉剌部定亲，经哈拉哈河至乌拉盖河，正值 8 月酷暑，父子俩席地歇息之时，铁木真忽然听到有泉水叮咚流淌之声，便循声觅去，见绿茵间汩汩一清泉从草地间流出，便扑过去捧起清泉喝了个饱，其父也速该说："此泉圣洁清澈，甘爽怡人，有陈年佳酿之清香，铁木真你一定会遇到一位温柔、善良、美丽的姑娘。"正如其父所说，在路上铁木真父子遇到了弘吉剌部贵族特薛禅，并商定将女儿勃儿帖许配铁木真。

在这里您还可以走进蒙古牧民家中，品尝真正的草原风味食品，参与草原生产活动，放牧、挤奶、熬奶茶，观赏套马、摔跤，体会放牛、放羊，做一次真正的当地人，充分感受纯朴的牧民民族风情，领略古老而细腻的游牧文化，尽情感受自然与人类的和谐之美。

最近，这里比较火的另一个原因就是兵团小镇，是当年的下乡知识青年点，《狼图腾》电影拍摄基地，在乌拉盖的历史发展过程中，兵团时期是该地区经济、社会发展的一个高峰期。当时，来自四个军区和军区直属队后勤部等八个单位，组建了中国人民解放军北京军区内蒙古生产建设兵团第六师，接收了内蒙古五七干校第五分校。只是我们来的时候，这里正在维修，没办法靠近去参观。

离开这里，前往下一个目的地东乌旗，也计划中午在这里吃个午饭，车开出乌拉盖不久就开始下小雨，天一直阴着，不过也倒是凉爽，沿途又看到了大批的羊群和安详吃草的奶牛。

在东乌旗找了一家吃火锅的店，这边的牛羊肉都是现切的，肉质都还不错，由于今天路途不是很赶，午饭后还在这里小休了片刻才继续赶路。东乌旗到热水塘镇需要开 300 公里，大约 4 个半小时。

刚从酒店出来，就遇上了沙尘暴，刚开始的时候能见度都不到 1 米，也不敢开车门，随时感觉能上天。小伙伴开了一会儿感觉车都在晃，大约经历了一个小时吧，天气才开始有好转。以前在城市里开车，都很难用到雾灯功能，这次在大沙尘暴面前，好好检测了一下这车雾灯和大灯的性能。不过为了安全起见，遇到这种天气，还是在路边能停车的地方躲避一会儿为好。

到达西乌旗的时候，天气放晴了，整个路上的风景也非常漂亮，即便这些天都看同样的风景，也不会腻，因为回到城市想看都看不到了。

但要注意的是，S204 路线有段修路需要绕行。国道 306 线 K570+600 至 K595+000，即原省道 204 线 K279+600 至 K255+000 统部至大水菠萝段公路需进行封闭施工，施工时间为 2016 年 5 月 5 日至 2017 年 10 月 31 日，在此期间国道 306 线 K570+600 至 K595+000 统部至大水菠萝段公路全线封闭，禁止通行。小型车绕行方案：1. 西乌旗—达青牧场—二支坝—毡铺—新林镇，转嘎九线，从统部镇东口上原省道 204 线，至林西县城；2. 西乌旗—达青牧场—二支坝—毡铺—新林镇—九连—官地—大井镇—林西县城。绕行的道路也不是很好开，不过比之前达查线好很多，最后到达热水塘镇差不多 6 点左右。

开了几天的车，小伙伴们即便换着开，不免也会疲惫，还好歌单每天都在更新，利用车载蓝牙播放些快节奏的歌，才让我们得以一路保持很 high 的状态玩耍。

热水塘镇最有名的就是温泉和热阿线，旺季的时候酒店的价格也是很惊人的。这边都是酒店带有浴盆，温泉水流入每个客房内，并没有公共浴室，浴盆通常都是双人的，晚间从 6 点到 11 点有温泉水供应，可以在路边超市买一次性塑料布，毕竟酒店共用都不会清洗得很干净。据说现在盖了一些更豪华的度假酒店，未来就可以在室外泡温泉了，我们最终选择了在热水群冠环保宾馆。

晚饭回来，清理浴盆一番，开始放水，可能游客少，放水放了 30 分钟才热，不过真是舒服，洗完后身体都很滑，缓解一身的疲劳。这边的房子也都出售，据说很多北京的人在这买房子，周末假期过来放松疗养。

C5- 终有离别

原本今天的计划是走热阿线，前往乌兰布统，明天回京的，可是天气这东西的确在很大程度上影响了每天的出行计划，连续这两天都有雨，当地人倒是很希望下点雨，说入春到现在一场雨都还没下过呢，往常这个时节山上的树都应该绿了，可是今年大部分还没长出来。

吃过早饭我们就前往热阿线了，也许来得真不是时节，再加上大阴天，风景也打了不少折扣，秋天是来这里绝佳的时节，层林尽染，黄绿相间，在蓝天白云的映衬下会格外迷人。如果有机会今年秋天再自驾过来，弥补一下此次出行的遗憾，正如同每个人的青春，不能留有遗憾，想做的事情就努力去做。

由于乌兰布统那边和这边的地势类似，也下着雨，我们就临时改了行程前往赤峰吃午饭，晚上在承德住一晚，第二天上午再返回北京。下图为从热水塘到赤峰上高速前的一座山，和我几年前端午来这里看到的很像，这边很多这种山，如果天气好，随便爬一座都应该能看到很美的风景。

赤峰这个地方比我印象中好很多，原本五一是有机会过来参加朋友的婚礼的，可自己却买错了车票，最终也没来，这次虽然只是短暂的中转，也算是看到了这座城市的面貌，中午选择了排名很高的一家餐厅吃了顿蒙餐，味道很正宗。

晚上到达承德的时候已经入夜，雨后微风带来丝丝凉意，一座山城在灯火的衬托下显得格外美丽。两年前来这里参加过万里马拉松，也算是挑战下自己，如今再路过这里，那些画面还是很清晰地在脑海中浮现，或许是老了，时不时就会去念旧。

第二天回到北京，继续着朝九晚五的工作，生活又回归到了正轨，雨还是淅沥沥地下着，望着窗外会怀念在大草原自驾这几天的美好时光。略有些遗憾，最后两天的天气没有预期的好，也许老天对自己还是眷恋的，下班回家的路上就在那 10 分钟，所有人都抬头望着天空，雨后的火烧云美到让人停止呼吸。

时常会有种时空交错感，北京还是 20 世纪八九十年代那个慢节奏的老城，只是人们在这个物质的时代渐渐丢失掉了一些东西，对周边的一切不再充满好奇和新鲜感，找不到幸福的源泉和灵魂的归宿。

后记

如开头所写，完成这篇游记的时候，我已经敲开了三十岁的大门，二字开头的时光一去不复返，没有什么好遗憾的，感谢这几年的自己，能够利用有限的时间去看看这个世界，在每个地方遇到的人和风景都将是我这一生最独一无二、最宝贵的财富。生活由很多个维度交织而成，旅行的快乐永远是其中不可或缺的一个维度，感谢这一次自驾内蒙古之行，给自己二十九的尾巴留下了最美好的回忆。

三十岁的第一天，与这个城市中最好的一群朋友度过，感谢你们在不同的时期出现我的生命中，一路相随，感恩常在，只愿每个人都健康幸福，和所爱的人乐享此生。

2. 结构式访谈

访谈对象：zcc

性别：女

年龄：21

职业：学生

高三毕业那年，放了长达两个月的假，就和亲人们去长白山游玩。心情还是蛮开心的，因为紧张之余终于可以给自己好好放个假了！

长白山，从小就听说过，今天也算可以开眼界了。真的是雄伟壮观极了！长白山也有很多著名的景点，像地下森林、绿渊潭等真的很美，但令我最深刻的地方就是天池喽。

记得当时需要自己爬上上千级的台阶之后才会看见天池！当时，我们在山下穿的是夏装，还是阴天！我们导游说了阴天是不会见到天池最美的景色的，只是灰蒙蒙的一片，但是我们还是上去了，爬过了四千多个台阶，从夏衣一点点加量，最后换上了羽绒服。时间也快到中午了，天气虽然很冷，但是心里是热的。值得庆幸的是，在我们爬上山顶看到天池的一瞬间太阳出来了，景色真的很美，感觉自己很幸运没有白来，真的很震撼。人们都说看天池需要人品，看来我的人品还不错哦！天池上最有特色的是温泉煮鸡蛋，很嫩很滑。去的时候可以尝一尝。

不管怎样，很幸运去一次就看见天池了。

访谈对象：wwj

性别：男

年龄：21

职业：学生

自己不是特别外向的人，不善与人交往，喜欢一个人独自闲逛。在北京实习的时候，最喜欢去的地方就是散布于北京城中大大小小的胡同。

第一次去胡同，我记得是在东城区里的东四附近。那里面有一个书店，叫三联韬奋，在逛书店的同时，也被深居其中的巷子吸引住了，一个人穿梭在有点儿找不着北的胡同中特别开心。我走走停停，巷子里看到里面的居民住家有人我就会主动与他们打招呼，希望更多地了解他们的生活，探头探脑想要看到四合院几家几户在一起的生活是什么样的。

偶尔地，胡同里也会遇到一些人来来往往，他们或是刚刚从菜市场买菜归来的大叔大妈，或是一些赶着要去上学的学生。生活气息很浓，自己真的不想打扰他们的日常生活。

虽然身居北京城中心，胡同犹如世外桃源。这里的生活没有受到快节奏北京生活的一点儿影响。真的很爱在这里生活。夕阳中的北京胡同分外吸引人，没有了中午的炎热，没有了川流不息的人流。傍晚时分的北京胡同沉寂、空灵，来到胡同巷子里的一个小餐馆吃过晚饭后，又回到三联书店。这是一个 24 小时经营的书店。找到自己喜欢的书，看了好几个小时，买了几本书后，回到住处。

对，胡同永远很喜欢，于我而言，魅力无限。

3. 非结构式访谈

访谈对象：mdm-qinyu

性别：女

年龄：39

职业：医生

问：前些天的全家日本游感受如何？

答：下次去日本我想自由行。一定要坐全日空的（飞机），服务特别好。这个航空公司给我留的印象特别好，她们都是年龄大的空姐，特别热情。最开始上飞机好几个人站门口，进去后就一段一个空姐，满脸笑容，就是日本人的那种风格。小孩上去之后，她会过来经常问你：孩子需不需要喝点什么。因为没到吃饭时间，她就过来问你：孩子需不需要喝水，吃点水果，冷不冷。给每个孩子都有一份礼物，有好几样，你可以让孩子选。我们回来也坐的是全日空。国旅定的都是全日空。

问：什么地方让你印象特别深刻？

答：[翻看照片，看到富士山。] 我们很幸运的就是，去富士山那天，看到了富士山。他们有好多人去好多次都看不到，因为雾特别大嘛。然后，我们还登上了司和木，登上富士山的半山腰，在山上看了云海。它那儿环境特别好，富士山上有卖富士山空气的，一罐不是10000日元就是8000日元。它那儿卖的每一件东西都挺精致的，日本人的有些理念还是很厉害的。

问：说一说让你印象深刻的感受。

答：我印象深刻的就是特别累。行程安排得特别紧，很多时间都在道儿上，到景区了，（导游）就告诉你，这个景区我给你们30分钟或40分钟去看。只能说点到为止，我看了，我来了这个地方，但其他很多东西你不能深究。所以我就想下次一定要自由行，慢悠悠地逛，但自由行的费用会比这（跟团游）高很多。这个团一个人七八千（元人民币），基本把本州的那几个地方全都去了，东京、大阪、京都。这是豪华团。我问（导游）为什么不让我们坐新干线，天天让我们坐大巴车从一个景点到另一个景点要两个小时。他（导游）说："新干线太贵了，两个小时的车程相当于 1000 元人民币。所以，我们不可能让你们坐新干线的"。日本人一个月平均挣三四万元人民币的，这 1000 块钱就相当于咱们的 100 块钱，相当于花 100 块去打出租车，其实还可以。日本东西贵，一瓶水在自动贩卖机得卖 350~400 日元，合 20 多块钱人民币。我买个草莓，15 块钱一个。不管多大的店，它那儿东西都弄得干干净净的，包的都是规规整整的，特别可爱。

问：你们去了几个城市？

答：好像不是三个，就是四个。反正本州那几个主要的城市都去了。第一天去的大阪，第二天去的是……记不住了，第三天去的富士山吗？反正最后两天是在东京，最后一天去的迪士尼。前两天我也分不清了，反正就是大巴车把我运来运去。但是富士山确实很美。再就是日本特色的街道，日本街道非常干净。都是那种小平房，东京里头当然都是（大高楼），一般在大阪、在京都那儿，边上都是日式的那种小房子，然后你看街道可干净了，它那儿还没有垃圾箱，地上也没有任何的垃圾，特别干净。而且日本的车都是干干净净的，房子也不会觉得乌突突的，包括白房子，窗户都是干干净净的，没有灰，就是干净。空气里就没有那么多的灰尘。

对了，我们当时去大阪城看樱花，我们找到了一棵特别漂亮的树，当时我们仨就在那儿看那棵树，也没说想照相，就有一个日本的老爷爷主动过来说"你们三个人是不是要合影，我可以帮你们照相"，特别热情，我根本没想到。人家就看出来了你可能不是日本人，看樱花需要合影。咱们的言谈举止和日本人还是不一样，日本女人都是化妆的，很精致的妆容，特别好看。那种妆容，那种表情，细微的地方，给人感觉特别舒服。

我们正好赶上樱花季，上野公园的樱花特别漂亮，整个全是樱花，

[翻看照片]，它的樱花季在道的两边专门会拿绳子围出来，让你可以野餐的，给你聚会，日本人特别仔细，他们所有拿的东西都拿纸壳箱一个一个包好，然后在地上一个一个打开铺好，然后日本垃圾是分类的，我在机场拍了张照片。[翻看照片，看到飞机上拍的照片]这个是飞机餐，特别精致，这盒里是虾仁。这个是日本一个非常特色的团子，日本的甜食是非常有名的，外面粘的绿草的东西，这个是沙拉，这个是面条，这个是小点心，日本特色的东西，下面还有一袋专门吃面条的酱料。中国的快餐给的都是塑料餐具，日本的飞机餐都是不锈钢的（餐具），叉子、勺、筷子，然后再回收，它要再利用的。日本的飞机上提供啤酒，啤酒、红酒都提供，其他和国内差不多，茶水啊、果汁啊、饮料啊、可乐啊。特别好，每次给你满满当当的这些东西。额外还给个小水果。

[垃圾分类的照片访谈时没找到。]在上野公园，两边是樱花，下面是拦出来的，每一个小格子都是他分好的，给每个人分好这么大的位置，然后每一个格子都会写使用时间是从几点到几点。比如，你预约从4点到5点，那他就会在前面标明4点到5点，其他想利用的人就可以在5点以后预约这个位置。而且你发现，每一个日本人完事以后会把自己的那些东西再拿纸壳箱打包起来，而且地上所有的垃圾他们全都给分类好，放到垃圾箱，就是他们走了以后，那块地方是干干净净的。日本妈妈带孩子出去，每个人都会带个小垫，在那地方铺个小垫，走的时候拿走，不是一次性的那种，用完就扔了，日本一次性的东西很少。而且他们的聚会非常安静。而且在日本你要排队，我们去迪士尼一个项目有时候要排40分钟到50分钟，日本人就是那样，带着孩子一个接一个那种，没有人插队，没有人打架，也没有人埋怨，所以在那种情况下，大家都不敢说话，我们都得自觉地不大声说话。

这张（照片）是我觉得照得最漂亮的一张。这是富士山，这上面都是雪，真的是雪，我们到半山腰的时候那里都是雪。我们（拍照的地方）是在……什么地方来着，我想一想，这里是一个活火山的火山口，叫大涌谷，对，大涌谷，这就是一个火山，你看它下面还冒烟呢，你过去了以后下面全是硫黄，看到了吗？这个黄色的（就是硫黄）。火山口这儿全是硫黄，它在三四年前曾经喷发过一次，所以这一块就不让旅游。从去年开始这块才重新允许游客去的。这下面都是硫黄，一走近就能闻到特别明显的味道。但是在这个地方看富士山是最美的。这个高度特别好看，我们当时照这张相的时候后面是云，你看，那云像散开那种，看到了吗？就像放光芒那种散开了，在富士山顶，所以那天就特别——算是他们说——比较有运气。

他们比较有特色的是黑鸡蛋，据说吃一颗可以长寿五年，这一颗合人民币 15 块钱左右。这个鸡蛋并不是真正的黑，它和咱们正常的鸡蛋一样，它是用火山的水煮的，煮完后就黑了，火山里面有很多的元素浸到壳里面了。

问：你们后来爬上富士山了？

答：不是爬上去的，是大巴车给拉上去的。你看（照片），远看富士山下面是融化的，上面是雪，我们基本登到了雪这个位置，很冷。从富士山下来到忍野八海的时候，很多人会感觉耳朵是听不到声音的，不是听不着，听声音是听不清楚的，有种隔膜的感觉，就是高度、海拔变化太快了。远看富士山是最美的。

你看（照片），日本的街道都是这样的，都是干干净净的，没有垃圾箱，所有的房子都干净，小车都干净。

这（张照片上）是我们的团餐，他们说我们的团餐是在（来）日本（的旅游）团里最好的了。但它都在不是很有名的（地方），只有这一天在伊豆，伊豆是日本非常有名的一个温泉的区域。有点像咱们的一个县，它那儿全是温泉。这是温泉宾馆，在温泉宾馆那天是吃得最好的，玩得最好的，也是住得最好的一天。这是吃的日本料理，那天晚上是我们（吃得）最好的一天，就是纯日式的料理，这种（料理）就和国内很像。特别丰盛，这是最好的一次团餐。这是（往得）最好的一天晚上，住的酒店是榻榻米，而且最宽敞，日本的酒店都很小，特别小，卫生间也就是能转开个人，整个（房间）都很精致那种。这天是最宽敞的一天，有大房间，还有一个阳台。这是日式拉门那种，这是穿的日式和服去泡温泉。

你看（照片）日本的街道都是这样的，很有序，很干净，然后很安静，没有吵吵嚷嚷的。日本人上班都是穿制服的，早晨你就看道上一排一排的，女的就是穿西装裙子，男的就是穿黑色西装上衣，一个挨一个这么走，可有秩序了，就一个一个在道的两边走。没有在走道抽烟的，没有，然后拉着手走的没有，全都是一个一个排着，可有秩序了。这是他们东京的银座。这是银座一个饭店门口。这是我们中间吃饭的一个餐厅的门口。

这是浅草寺的门口，特别逗，浅草寺里有很多樱花，日本女生有很多在这个季节穿和服去浅草寺，然后我们就找了两个穿和服的，以为是日本人呢，看着确实很像日本人，结果是来旅游的中国人，我还拿日语和人家一顿说呢，说要照相，然后她说："啊，她说和我们照相。"我说："你是中国人吗？"她说："对，我们是中国人。"后来我们就去了小吃街。[看照片]这是地铁，这是樱花，这是日本卖电器特别有名的地方，日本的商业区确实很繁华。

这是迪士尼小火车。日本迪士尼很大，我觉得比香港大。那里太大了，我们一天下来才排了 7 个项目。我觉得这样的旅游团其实不适合孩子，特别不适合孩子，孩子其实你给他放到一个地方就可以，慢慢地玩。这种团特别赶。

[看录像]而且日本解说员可有激情了，我当时去香港（解说员）都没这么激情。他不是放广播给你解说，这一点确实比国内好很多，它是有男的、女的（解说员）边驾船边给你解说，围着这一个地方给你解说，而且她那种语气你一听就特别应景，不像中国（解说员）没有太多积极性那种，简直她自己就在那个故事里面，她把这个故事给你讲述出来，特别有意思，你虽然听不太懂，但是你能听她说的那个音调语气，你就能看出来这个是什么样的。特别感染人，而且真的很好。

参考文献

[1] S. E. 拉斯姆森 . 建筑体验 [M] . 刘亚芬，译 . 北京：知识产权出版社，2003.

[2] 阿兰 · 德波顿 . 旅行的艺术 [M] . 南治国，彭俊豪，何世原，译 . 上海：上海译文出版社，2004.

[3] 阿兰贝里 . 现代大众旅游 [M] . 谢彦君，等，译 . 北京：旅游教育出版社，2014.

[4] 贝哈 . 伤心人类学：动情的观察者 [M] . 韩成艳，向星，译 . 北京：北京大学出版社，2012.

[5] 彼得 · 卒姆托 . 建筑氛围 [M] . 张宇，译 . 北京：中国建筑工业出版社，2010.

[6] 陈从周 . 园韵 [M] . 上海：上海文艺出版社，1999.

[7] 陈世雄 . 戏剧思维 [M] . 厦门：厦门大学出版社，2012.

[8] 晨曦 . 曦游记：换一套生活剧本，演一场旅行电影 [M]. 长沙：湖南人民出版社，2016.

[9] “大师系列” 丛书编辑部 . 路易斯 · 巴拉干的作品与思想 [M]. 北京：中国电力出版社，2006.

[10] 董乃斌，程蔷 . 民间叙事论纲（上）[J] . 湛江海洋大学学报，2003（2）：12–27.

[11] 笛卡尔 . 第一哲学沉思集 [M] . 庞景仁，译 . 北京：商务印书馆，1986.

[12] 段义孚 . 空间与地方——经验的视角 [M] . 北京：中国人民大学出版社，2017.

［13］恩格斯．自然辩证法［M］．北京：人民出版社，1971.

［14］费舍尔—李希特．行为表演美学——关于演出的理论［M］．上海：华东师范大学出版社，2012.

［15］弗莱塔克．论戏剧情节［M］．张玉书，译．上海：上海译文出版社，1981.

［16］戈夫曼．日常生活中的自我表演［M］．徐江敏，译．昆明：云南人民出版社，1988.

［17］孤独川陵．最美的年华在旅行［M］．北京：北京联合出版公司，2013.

［18］海德格尔．海德格尔选集（下卷）［M］．孙周兴，译．上海：上海三联出版社，1996.

［19］何静．身体意象与身体图式：具身认知研究［M］．上海：华东师范大学出版社，2013.

［20］贺桂梅．西日本时间［M］．北京：生活·读书·新知三联书店，2014.

［21］黑格尔．美学（第三卷下册）［M］．朱光潜，译．北京：商务印书馆，1979.

［22］黄志远，张玉钧．旅游体验实证研究——以南京雨花台烈士陵园为例［J］．中南林业科技大学学报（社会科学版），2012（2）：17-21.

［23］姜海涛．旅游场：旅游体验研究的新视角［J］．桂林旅游高等专科学校学报，2008（3）：321-325.

［24］姜海涛．旅游场视角下的旅游反常行为［J］．社会科学家，2013（2）：82-85.

［25］韩萍．关于社会心理学研究之“面子”理论［J］．安徽理工大学学报（社会科学版），2010，12（4）：43-45.

［26］科恩．旅游社会学纵论［M］．巫宁，马聪玲，陈立平，译．天津：南开大学出版社，2007.

［27］克里斯·希林．身体与社会理论［M］．2版．李康，译．北京：北京大学出版社，2010.

［28］库尔特·考夫卡．格式塔心理学原理［M］．李维，译．北京：北京大学出版社，2010.

［29］库尔特·勒温．拓扑心理学原理［M］．竺培梁，译．北京：北京大学出版社，2011.

［30］李佳伟，郭芳侠，孔繁敏，王匀阳．以太学说的发展和以太内涵的演变［J］．大学物理，2015，34（8）：60–63.

［31］李无言．浅议博物馆叙事型展览说明文字的编写［J］．博物馆研究，2015（3）：59–65.

［32］李正涛．解读教育活动的新视角［M］．北京：教育科学出版社，2006.

［33］刘静．面子：中西文化差异的探讨［J］．成都大学学报（教育科学版），2007，21（2）：123–125 .

［34］刘宏宇．勒温的社会心理学理论评述［J］．社会心理科学，1998（1）：57–61.

［35］刘胜利．时间现象学的中庸之道——《知觉现象学》的时间观初探［J］．北京大学学报（哲学社会科学版），2015，52（4）：141–149.

［36］龙迪勇．空间叙事学：叙事学研究的新领域［J］．天津师范大学学报（社会科学版），2008（6）：54–60.

［37］龙迪勇．空间叙事学［M］．北京：生活·读书·新知三联书店，2015.

［38］龙江智．从体验视角看旅游的本质及旅游学科体系的构建［J］．旅游学刊，2005（1）：21–26.

［39］陆邵明．建筑体验——空间中的情节［M］．北京：中国建筑工业出版社，2007.

［40］马可·弗里曼．传统与自我和文化的回忆［M］// 韦尔策．社

会记忆：历史、回忆、传承 . 季斌，王立君，白锡堃，译 . 北京：北京大学出版社，2007.

［41］马赛尔·普鲁斯特 . 追忆似水年华（第二卷）：在花季少女倩影下［M］. 徐和瑾，译 . 南京：译文出版社，2010.

［42］马天，谢彦君 . 旅游体验的社会建构：一个系统论的分析［J］. 旅游学刊，2015（8）：96–106.

［43］梅洛—庞蒂 . 知觉现象学［M］. 姜志辉，译 . 北京：商务印书馆，2001.

［44］莫里斯 . 接触！：一本邂逅之书［M］. 王一凡，译 . 杭州：浙江大学出版社，2015.

［45］聂欣如 . 民俗、社会学研究中的“表演”概念［J］. 西南民族大学学报（人文社科版），2010（10）：31–37.

［46］欧阳应霁 . 寻常放荡——我的回忆在旅行［M］. 北京：生活·读书·新知三联书店，2011.

［47］乔治·布雷西亚 . 改变你的服装，改变你的生活［M］. 红霞，译 . 北京：北京联合出版公司，2016.

［48］太饿公主 . 太饿公主的手绘美西游记［M］. 上海：上海社会科学院出版社，2016.

［49］滕守尧 . 审美心理描述［M］. 成都：四川人民出版社，1998.

［50］王杰文 .“表演”与“表演研究”的混杂谱系［J］. 世界民族，2012（4）：35–43.

［51］王晓丹 . 论旅游中的仪式与仪式感［D］. 东北财经大学，2014.

［52］王长生 . 旅游场平衡研究［J］. 渝州大学学报（社会科学版），2001（5）：69–72.

［53］郇焜 . 论时空的复杂性［J］. 中国人民大学学报，2005（5）：36–43.

［54］香山寿夫 . 建筑意匠十二讲［M］. 宁晶，译 . 北京：中国建

筑工业出版社，2006.

［55］小鹏 . 背包十年：我的职业是旅行［M］. 北京：中信出版社，2010.

［56］小鹏 . 我们为什么旅行［M］. 北京：中信出版社，2012.

［57］小鹏 . 只要不忘了回家的路［M］. 北京：中信出版社，2015.

［58］谢彦君，徐英 . 旅游场中的互动仪式：旅游体验情感能量的动力学分析［J］. 旅游科学，2016a（1）：1–15.

［59］谢彦君，徐英 . 旅游体验共睦态：一个情境机制的多维类属分析［J］. 经济管理，2016b（8）：149–159.

［60］谢彦君 . 旅游体验的情境模型：旅游场［J］. 财经问题研究，2005a（12）：64–69.

［61］谢彦君 . 旅游体验研究：一种现象学的视角［M］. 天津：南开大学出版社，2005b.

［62］谢彦君 . 旅游体验研究［D］. 东北财经大学，2005c.

［63］薛勇，林若岚 . 大勇和小花的美西日记［M］. 北京：清华大学出版社，2013.

［64］薛勇，林若岚 . 大勇和小花的瑞士日记［M］. 北京：清华大学出版社，2014.

［65］严进，杨姗姗 . 叙事传输的说服机制［J］. 心理科学进展，2013（6）：1125–1132.

［66］扬 · 阿思曼 . 文学的记忆［M］. 曲平梅，译 . 陈启能，王学典，姜芃 . 消解历史的秩序 . 济南：山东大学出版社，2006.

［67］杨大春 . 意识哲学解体的身体间性之维 ——梅洛—庞蒂对胡塞尔他人意识问题的创造性解读与展开［J］. 哲学研究，2003（11）.

［68］叶浩生 . 身心二元论的困境与具身认知研究的兴起［J］. 心理科学，2011，34（4）：999–1005.

［69］易中天 . 读城记［M］. 上海：上海文艺出版社，1997.

［70］原广司 . 空间：从功能到形态［M］. 张伦，译 . 南京：江苏

凤凰科学技术出版社，2017.

［71］章锦河 . 旅游区域空间竞争理论、方法与实证研究［D］. 安徽师范大学，2002.

［72］章锦河，张捷，刘泽华 . 基于旅游场理论的区域旅游空间竞争研究［J］. 地理科学，2005（2）：248–256.

［73］赵刘，程琦，周武忠 . 现象学视角下旅游体验的本体描述与意向构造［J］. 旅游学刊，2013（10）：97–106.

［74］中国社科院语言研究所词典编辑室 . 现代汉语词典［M］. 7 版 . 北京：商务印书馆，2016.

［75］舟舟 . 行走中何处安放的青春［M］. 北京：中华工商联合出版社，2014.

［76］周桂菁 . 山水审美与景观创作中的联想与想象［J］. 北京工业大学学报，1995（2）：24–28.

［77］周年 . 音乐叙事中的“事”及“事”的叙述［J］. 江西社会科学，2014（6）：121–125.

［78］Abbate，C. Unsung voices：Opera and musical narrative in the nineteenth century［M］. Princeton University Press，1991.

［79］Adler，D. Travel as performed art［J］. The American Journal of Sociology，1989，94（6），1366–1391.

［80］Agapito D，Mendes J，& Valle P. Exploring the conceptualization of the sensory dimension of tourist experiences［J］. Journal of Destination Marketing & Management，2013，2（2）：62–73.

［81］Anderson，J. Relational places：the surfed wave as assemblage and convergence［J］. Environment and Planning D：Society and Space，2012，30（4）：570– 587.

［82］Andrews，H. Feeling at home embodying Britishness in a Spanish charter tourist resort［J］. Tourist Studies，2005，5（3）：247–266.

［83］Bærenholdt J，Haldrup M，Larsen J，Urry J. Performing tourist places［M］. Aldershot：Ashgate，2004：2–11，150.

［84］Bell C，Lyall J. The accelerated sublime：Thrill- seeking adventure heroes in the commodified landscape［M］// Coleman S，Crang M. Tourism：Between Place and Performance. New York and Oxford：Berghahn Books，2002：21–37.

［85］Boniface,P. Tasting tourism：Travelling for food and drink［M］. Burlington：Ashgate，2003：131–140.

［86］Brin E，Noy C. The said and the unsaid：Performative guiding in a Jerusalem neighbourhood［J］. Tourist Studies，2010，10（1）：19–33.

［87］Butler，J. Bodies that matter：On the discursive limits of "sex"［M］. London and New York：Routledge，1993.

［88］Carlson，M. Performance：A critical introduction（second edition）［M］. UK，USA and Canada Routledge：2004.

［89］Chen L，Scott N，Benckendorff P. Mindful tourist experiences：A Buddhist perspective［J］. Annals of Tourism Research，2017，64：1–12.

［90］Cohen E，Cohen S. Current sociological theories and issues in tourism［J］. Annals of Tourism Research，2012，39（4）：2177–2202.

［91］Cohen. Aharoni Y. Guiding the "real" Temple：The construction of authenticity in heritage sites in a state of absence and distance［J］. Annals of Tourism Research，2017（63）：73–82.

［92］Crang P. Performing the Tourist Product［A］//Rojek C，Urry J. Touring cultures：Transformations of travel and theory. Routledge，1997：137–154.

［93］Crouch D. Leisure/tourism geographies：Practices and geographical knowledge［M］. London：Routledge，1999：2.

［94］Crouch D. Places around us：Embodied lay geographies in leisure and tourism［J］. Leisure studies，2000，19（2）：63–76.

[95] Crouch D. Surrounded by place: Embodied encounters [A] // Coleman S, Crang M. Tourism: between place and performance. Oxford: Berghahn, 2002: 207–218.

[96] Crouch D. Tourist practices and performances [A] // Lew A, Hall C, Williams A. A companion to tourism. Oxford: Blackwell Publishing, 2004: 85–95.

[97] Edensor T. Staging tourism tourists as performers [J] .Annals of Tourism Research, 2000, 27 (2): 322–344.

[98] Edensor T. Performing tourism, staging tourism – (Re) producing tourist space and practice [J] .Tourist Studies, 2001, 1 (1): 59–81.

[99] Edensor, T. Sensing the ruin [J] . Senses & Society, 2007, 2 (2): 217–232.

[100] Edensor T. Tourism and Performance [A] //Jamal T, Robinson M. The Sage Handbook of Tourism Studies. London: SAGE, 2009: 544–556.

[101] Ek R, Larsen J, Hornskov S, Mansfeldt O. A dynamic framework of tourist experiences: Space–time and performances in the experience economy [J] . Scandinavian Journal of Hospitality and Tourism, 2008, 8 (2): 122–140.

[102] Ellis G, Rossman, J. Creating value for participants through experience staging: parks, recreation, and tourism in the experience industry [J] . Journal of Parkand Recreation Administration, 2008, 26 (4): 1–20.

[103] Fusar. Poli P, Stanghellini G. Maurice Merleau - Ponty and the "Embodied Subjectivity" (1908–61) [J] . Medical Anthropology Quarterly, 2009, 23 (2): 91–93.

[104] Giovanardi M, Lucarelli A, Decosta P. Co–performing tourism places: The "Pink Night" festival [J] . Annals of Tourism Research,

2014（44）：102–115.

［105］Govers R，Go F，Kumar K. Virtual destination image：a new measurement approach［J］. Annals of Tourism Research，2007，34（4）：977–997.

［106］Gretzel U，Fesenmaier D. Experience–based internet marketing：An exploratory study of sensory experiences associated with pleasure travel to the Midwest United States［A］// Frew A，Hitz M，Connor P. Information and communication technologies in tourism 2003，2003：49–57.

［107］Haldrup M，Larsen J. Tourism，performance and the everyday：Consuming the orient［M］. London：Routledge，2010：3；6–10.

［108］Hannam K. Tourism and development Ⅲ：Performances，perfor mativities and mobilities［J］. Progress in Development Studies，2006，6（3）：243–249.

［109］Hannam K，Sheller M，Urry J. Editorial：Mobilities，immobilities，moorings［J］. Mobilities，2006，1（1）：1–22.

［110］Hyde K，& Olesen K. Packing for touristic performances［J］. Annals of Tourism Research，2011，38（3）：900–919.

［111］Ingold T. The Perception of the Environment［M］. London：Routledge，2000.

［112］James W. Psychology：The briefer course［M］. Dover Publications，1985.

［113］Jensen M，Scarles C，Cohen S. A multisensory phenomenology of interrail mobilities［J］. Annals of Tourism Research，2015（53）：61–76.

［114］Johnston L. Bodies and tourism studies［J］. Annals of Tourism Research，2001，28（1）：180–201.

［115］Kastenholz E，Carneiro M，Marques C，Lima J. Understanding and managing the rural tourism experience—the case of a historical village in Portugal [J] . Tourism Management Perspectives, 2012 (4): 207–214.

[116] Kim J, Fesenmaier D. Measuring emotions in real time: Implications for tourism experience design [J] . Journal of Travel Research, 2014, 54 (4): 419–429.

[117] Larsen J. Connecting tourism and photography: Corporeal travel and imaginative Travel [J] . Journeys, 2004 (2), 19–42.

[118] Larsen J, Meged J. Tourists co-producing guided tours [J] . Scandinavian Journal of Hospitality and Tourism, 2013, 13 (2), 88–102.

[119] Lewin K. Field theory in social science [M] . New York: Harper & Brother Publishers, 1951.

[120] Lewis N. The climbing body, nature and the experience of modernity [J] . Body & society, 2000, 6 (3–4): 58–80.

[121] Light D. Performing Transylvania: Tourism, fantasy and play in a liminal place [J] . Tourist Studies, 2009, 9 (3): 240–258.

[122] Line M. Staging Natural Environments: A Performance Perspective [J] . Advances in Hospitality and Leisure, 2013 (9): 163–183.

[123] MacCannell D. Staged authenticity: Arrangements of social space in tourist settings [J] . American Journal of sociology, 1973, 79 (3): 589–603.

[124] Macnaghten P , Urry J. Bodies in the woods [J] . Body & Society, 2000, 6 (3–4): 166–182.

[125] Malam L. Performing masculinity on the Thai beach scene [J] . Tourism Geographies, 2004, 6 (4), 455–471.

[126] Matteucci X. Forms of body usage in tourists' experiences of flamenco [J] . Annals of Tourism Research, 2014, 46: 29–43.

[127] Mordue T. Tourism, performance and social exclusion in "Olde York" [J]. Annals of Tourism Research, 2005, 32 (1), 179–198.

[128] Nash C. Performativity in practice: Some recent work in cultural geography [J]. Progress in Human Geography, 2000, 24 (4): 653–664.

[129] Noy C. Pages as stage: a performance approach to visitor books [J]. Annals of Tourism Research, 2008, 35 (2): 509–528.

[130] Pan S, Ryan C. Tourism sense-making: the role of the senses and travel journalism [J]. Journal of Travel & Tourism Marketing, 2009, 26 (7): 625–639.

[131] Perkins H, Thorns, D. Gazing or performing? Reflections on Urry's tourist gaze in the context of contemporary experiences in the Antipodes [J]. International Sociology, 2001, 16 (2): 185–204.

[132] Pons P. Being-on-Holiday Tourist dwelling, bodies and place [J]. Tourist Studies, 2003, 3 (1): 47–66.

[133] Ponting J, McDonald M. Performance, agency and change in surfing tourist space [J]. Annals of Tourism Research, 2013 (43): 415–434.

[134] Quinn B. Performing tourism: Venetian residents in focus [J]. Annals of Tourism Research, 2007, 34 (2): 458–476.

[135] Sacks O. The mind's eye: what the blind see [A] //Howes D.Empire of the senses: the sensual culture reader. Oxford: Berg, 2005: 25–42.

[136] Schechner R. Performance Studies: An Introduction [M]. London and New York: Routledge, 2002: 2.

[137] Sheller M, Urry J. Tourism mobilities: Places to play, places in play [M]. London: Routledge, 2004: 205.

[138] Sterling, M. D. Babylon east: Performing dancehall, roots

reggae，and Rastafari in Japan［M］. Durham，2010：2.

［139］Strine M，Long B，Hopkins M. Research in interpretation and performance studies［A］//Phillips G，Wood J. Speech communication：essays to commemorate the 75th anniversary of the speech communication association. Carbondale，IL：Southern Illinois Press，1990：181–193.

［140］Suzuki T. Forming an "activism bubble" in tourism：Peace guiding at Okinawa's battle ruins［J］. Tourist Studies，2012，12（1）：3–27.

［141］Thrift N. The still point：Resistance，expressive embodiment and dance［A］//Pile S，Keith M.Geographies of Resistance. London：Routledge，1997：124–151.

［142］Thurnell–Read T. Tourism place and space：British stag tourism in Poland［J］. Annals of Tourism Research，2012，39（2），801–819.

［143］Tiemersma D. Merleau–Ponty's philosophy as a field theory：Its origin，categories and relevance［J］. Man and World，1987，20（4），419–436.

［144］Uriely N. The tourist experience conceptual developments［J］. Annals of Tourism Research，2005，32（1），199–216.

［145］Urry J. The tourist gaze：leisure and travel in contemporary societies［M］. Sage Publications，1990：1–15.

［146］Urry J. The tourist gaze［M］. Sage publications，2002：1–15.

［147］Urry J，Larsen J. The tourist gaze 3.0［M］. Sage publications，2011：1–30.

［148］Hoven B. Multi–sensory tourism in the Great Bear Rainforest［J］. Power，2005：31–49.

［149］Vannini P，Waskul D，Gottschalk S. The senses in self，society，and culture：a sociology of the senses［M］. New York：Routledge，2011.

[150] Veijola S，Jokinen E. The body in tourism [J] . Theory，Culture & Society，1994，11（3）：125–151.

[151] Waitt G，Duffy M. Listening and tourism studies [J] . Annals of Tourism Research，2010，37（2）：457–477.

[152] Walsh N. Tucker H. Tourism "things"：The travelling performance of the backpack [J] . Tourist Studies，2010，9（3）：223–239.

[153] Weaver A. Interactive service work and performative metaphors：The case of the cruise industry [J]，2005，5（1）：5–27.

[154] Williams P. Performing interpretation. Scandinavian Journal of Hospitality and Tourism [J]，2013，13（2）：115–126.

项目策划：段向民
责任编辑：沙玲玲
责任印制：钱　宬
封面设计：谢彦君　李　淼

图书在版编目（CIP）数据

旅游体验的场现象与体验研究的表演转向 / 李淼著
. -- 北京 : 中国旅游出版社, 2024.12
（旅游体验研究前沿文库 / 谢彦君，马波总主编）
ISBN 978-7-5032-6758-1

Ⅰ. ①旅… Ⅱ. ①李… Ⅲ. ①旅游理论－研究 Ⅳ.
① F590

中国版本图书馆 CIP 数据核字 (2021) 第 157712 号

书　　名：旅游体验的场现象与体验研究的表演转向

作　　者：李淼
出版发行：中国旅游出版社
（北京静安东里6号　邮编：100028）
https://www.cttp.net.cn　E-mail:cttp@mct.gov.cn
营销中心电话：010-57377103，010-57377106
读者服务部电话：010-57377107
排　　版：北京旅教文化传播有限公司
经　　销：全国各地新华书店
印　　刷：三河市灵山芝兰印刷有限公司
版　　次：2024年12月第1版　2024年12月第1次印刷
开　　本：720毫米×970毫米　1/16
印　　张：14
字　　数：185千
定　　价：59.80元
ISBN　978-7-5032-6758-1